启蒙语境下的
中国女权问题研究

（1890s — 1930s）

梁 晨◎著

安徽师范大学出版社

ANHUI NORMAL UNIVERSITY PRESS

·芜湖·

图书在版编目(CIP)数据

启蒙语境下的中国女权问题研究:1890s—1930s / 梁晨著.— 芜湖:安徽师范大学出版社,2022.10
ISBN 978-7-5676-5839-4

Ⅰ.①启… Ⅱ.①梁… Ⅲ.①女权运动-研究-中国-近代 Ⅳ.①D442.9

中国版本图书馆CIP数据核字(2022)第174885号

启蒙语境下的中国女权问题研究:1890s—1930s　　　　　梁　晨◎著

责任编辑:吴顺安	责任校对:胡志立
装帧设计:吴山丹　汤彬彬	责任印制:桑国磊

出版发行:安徽师范大学出版社
　　　　芜湖市北京东路1号安徽师范大学赭山校区
网　　址:http://www.ahnupress.com/
发 行 部:0553-3883578　5910327　5910310(传真)
印　　刷:江苏凤凰数码印务有限公司
版　　次:2022年10月第1版
印　　次:2022年10月第1次印刷
规　　格:880 mm×1230 mm　1/32
印　　张:8
字　　数:173千字
书　　号:ISBN 978-7-5676-5839-4
定　　价:48.00元

凡发现图书有质量问题,请与我社联系(联系电话:0553-5910315)

自　序

　　古往今来，社会变迁虽是一个渐进的过程，但不可否认，对于近代中国来说，第一次鸦片战争尤其是甲午中日海战，确实足以成为突变的界标。约从19世纪末到20世纪二三十年代，思想界之变化可谓翻天覆地。这期间，无论是思想知识的传播媒介还是思想的内容，均有突破性的巨变。

　　随着西学东渐，西方学说及价值观念从备受拒斥到与中国传统认知体系平分秋色再到"西风压倒东风"，可以说对当时的中国思想界产生了极大冲击。女权主义作为其中的一派，自然引起了学术界的热烈讨论，也影响了传统观念和社会风气。

　　在西方，最早为自身及自身性别发出呐喊的是欧洲女性，她们大多是在宗教框架下进行的，而且使用了宗教术语。到了16世纪后期，越来越多的女性开始谈论自身，观点愈加一致且富有攻击性，只是仍然未能摆脱宗教的框架。宗教改革使更多的女性得以接受教育。在动荡不安的17世纪，尤其是在抵制国教、尊崇简化宗教仪式的教派和众多不同的小团体中，女性获得了更多的自由。至少有些女性感受到了神启，她们开始传教或进行预言。玛丽·阿斯特尔（1666—1731）是最早的真正女权主义者之一，也是第一个探究并维护关于女性的思想的英国作家。直到18世纪末，其他女性才能够像她那样清晰有力地发表看法，或者提出一个类似的、同样有力的女权主义纲领。在这群具有女权意识的女战士当中，最出色的要数玛丽·沃斯通克拉夫特的《女权辩护》。这本书出版于1792年，直到今天依然对我们有直接的借鉴作用。19世纪下半叶，女性的诉求得到越来越广泛、越来越清晰的表达，开始出现有组织的运动，尤其是争取改进女性教育、外出工作机会、修改涉及已婚妇女的法律以及选举权的运动。1843年，已婚女性玛丽恩·里德出版了《为女性申辩》，被誉为继《女权辩护》之后女性所做的最彻底、最有效的申述。不过，19世纪最著名的女权辩护乃出自男性之手——威廉·汤普森和约翰·斯图尔特·穆勒。到19世纪后半叶，欧洲开始出现真正意义上的妇女运动，选举权逐渐成为女权主义者诉求的中心内容。无论从象征意义上（作为对女性完整公民权的认可）还是从实践意义上（作为深化改革和实实在在改变女性生活的必要方式）来说，它都意义重大。

西方女权主义学说的传播和妇女运动的呼声引起了国内一些知识分子的注意。在近代中国，由精英知识分子发出变革的呼声，抵达并影响到下层社会大众，这个过程通常被称为"启蒙"。在这些启蒙人士的影响下，中国的女性问题终于被摆上桌面，引发了学术界的广泛热议。而中国女性也自此踏上了艰难的解放之路。中西方的女权之路差异较大，这是由其不同的历史环境决定的。欧美国家的妇女觉醒之时，其国家皆为独立之国，且资产阶级革命早已成功。故其女性解放与民族解放关系不大。欧美各国妇女运动的成功是由女性一步步地努力和点滴积累而成，从这点来说，欧美各国的妇女运动是一个长期的过程。事实上确也如此，欧美妇女运动花了大约一百年的时间。

在我国，情况却完全不同，女性解放与民族解放息息相关，回溯中国历史可以发现，晚清到民国这个阶段的女性解放运动总是以救国、爱国、反专制等为第一要务，这就决定了中国妇女运动的成功与失败总是伴随着资产阶级民族民主革命的成功与失败，妇女运动是民族民主革命的一部分。

本著以中国女性为研究对象，以19世纪末到20世纪30年代为研究时间段，在启蒙的视角和语境中去探讨女性觉醒和女权问题。前篇较为详细地叙述了传统中国女子的社会-文化地位，展现了古代女子在政治、经济、文化乃至社会领域面临的困境。此现状经晚清以来的先进之士的不断研讨与抨击，再加上西方女杰提供的人格典范，由此构成了其时"中国新女国民"的理想境界。中篇用较多笔墨展示了近代以来的知识分子对女性新身份的探讨，以及如何在艰难的困境中去探寻"女学"和"女权"之路。尾篇探究了近代中国女性同胞的身份自觉，从女性杰出的个例（如秋瑾等）到逐渐壮大的女性群体、女性团体，在求女学、争女权之路上，展现了女性们积极向上的风貌和自强不息的精神。在此基础上，还探讨了中西方女权之路的区别之处，可供参考。

本著着力于对女性问题的思想史阐释，并尝试从政治史、社会史、文学史等角度进行多学科交叉研究，以拓展学界的研究视野。该研究在挖掘史料的基础上，根据不同的"史实"，沿用不同的"理论"，试图展开富有政治学学科特征的"史论结合"研究。此外，该著将近代中国的女权问题置于"启蒙语境"下进行探究，是其一大特点。"启蒙"是为巨大的帷幕背景，在这一特定背景下，展现了近代中国女权之路的艰难困境，也勾勒出近代中国女性发展变化的画卷。

梁　晨

2022 年 8 月于北京

目　录

导　论

　　女性在人类社会中的重要性毋庸置疑，她们与男性一起共同推动着历史的进步、社会的发展。中国近代男女平等思想的发端大抵可追溯到明末清初，有一个相当长的孕育和发展过程，到了晚清，西方女权思想的传入、传教士的东来、太平天国运动以及早期维新人士的宣传都在一定程度上起到了除旧布新的作用，从而开启了女性逐步受启蒙的过程。女性解放思潮一直影响着后世，全今亦未过时，彼时先进人士和杰出女性宣说的"女学""女权"，依然是当今学界探讨的话题，也是现实社会绕不开的关注点。

一、研究缘由及概念界定

（一）研究对象及问题缘起

本著以中国女性为研究对象，研究时间段为19世纪90年代到20世纪30年代。旨在"启蒙"的历史语境下探讨启蒙者们在社会动荡、变革以及转型的巨变时代是如何对女性进行启蒙的，探寻这一历史阶段的女性在被启蒙的过程中是如何受到影响并做出回应的，探究这些女性先觉者又是如何继续启蒙女性同胞的，从而进一步考察这一历史时期的启蒙呈现出的特征及其对后世的影响和意义。

之所以选择19世纪90年代到20世纪30年代这个时段区间，是因为19世纪90年代至20世纪20年代正是中国近代思想史的转型时代，这一阶段无论是思想知识的传播媒介还是思想的内容等等均有突破性的巨变。[1]"这是中国思想文化由传统过渡到现代、承先启后的关键时代"[2]，以戊戌维新运动和五四新文化运动为典型代表的思想启蒙运动对当时的社会和民众产生了不可估量的影响。同样的，其在对女性启蒙的问题上也是十分值得探究的。时间段延续到30年代，这一阶段对女性进行启蒙的思想和理论相较于转型时代其实是相对匮乏的，然而进入30年代的中国正身处危亡之际，全民族面临着抗战这一艰巨的历史任务。对女性的启蒙和女性自身的解放往往要通过民族解放来实现，所以亦将30年代划归到研究范围之内。

古往今来，女性在人类社会中的重要作用毋庸置疑，她们与男性一起共同推动着历史的进步、社会的发展。没有女性的生育和繁衍，就不可能存在我们如今可观可知的人类历

---

① 张灏：《幽暗意识与民主传统》，新星出版社2010年版，第134页。
② 张灏：《幽暗意识与民主传统》，新星出版社2010年版，第134页。

史与群体社会。然而进入父系氏族社会后，女性的地位骤然下降。在中国，历史上长期以来呈现出男阳女阴、男尊女卑、男主外女主内的现象，女性沦为了男性的附属品，这种附属性不仅体现在男女之间关系、家庭关系以及社会关系中，更是浸透到国家法律和世俗观念之中。在政治、经济、文化、社会等各个层面，女性在相当长的时间里都遭受着不平等的待遇和歧视。这是中国几千年来流传下来的思维模式、行为习惯。

19世纪末到20世纪30年代是中国历史上的巨变时期，政体变革是晚清的主导性政治议程。戊戌维新运动未能挽救气数已尽的清王朝，清朝的覆灭预示着，在政治上统治中国两千多年的封建君主专制制度瓦解了，在经济上自给自足的生产模式遭到了前所未有的冲击，在思想文化上儒家思想受到了巨大的冲击并陷入危机，维持数千年之久的君主专制社会的制度及其存在的基础从各个方面开始分崩离析。1911年，辛亥革命的成功最终使民主共和成为近代中国的政体选择。

当时的中国除了内忧还有外患，鸦片战争爆发西方列强逐渐打开了中国的大门，西方的各种思想学说涌入国内，给思想界输入了新鲜血液，启迪了大批学者。受西方女性主义理论的影响以及近代中国启蒙者的呼吁，女子的社会地位问题重新引起人们的思考。于是，这种思考伴随着巨大的社会变革为女性及其生活带来了新变化和新气象。不缠足运动兴起，"三寸金莲"已不再是女性美的标志，而是代表着畸形和对女性的摧残。"女子无才便是德""夫为妻纲"等传统观念遭到了众多学者的批判。这一时期，"女公民""女国民""国民之母"等词开始出现，这是对女性社会地位的一次重新定位。维新派知识分子康有为、梁启超等人开始关注"国民"的问题，而且其关注的焦点逐渐从器物层面转向人的层面乃至女性层面，进一步展开对贤母良妻主义的批判。

近代"女学"兴起，越来越多的女子入学接受正规教育，与此同时，当时最为便捷的舆论工具——报界出现了专门以女性读者为主要对象的报刊。1898年7月24日，中国第一份女性报刊《女学报》创办，此刊与女性的解放运动艰难并行。1904年，上海《女子世界》杂志问世，这份杂志是清末女报中除去校刊和日报外，历时最久、册数最多、内容最为丰富的。其探讨的内容包括女子教育、家庭婚姻、社会习俗、时事政治等，该杂志在启发女性自立意识觉醒、政治意识参与、民族独立精神等方面产生了不可忽视的影响。

女子团体开始出现，《女学报》正是中国女学会的会刊。会、报合一，以提倡女学为宗旨，也有倡导女权的主张，女学与女权并重。这种创意为后续的诸多女子团体所继承，虽然严格说来各个团体创办意图和活动宗旨是有所差异的。随着1899年《女学报》停刊，中国女学堂1900年停办，中国女学会也是名存实亡而后自然解体了。20世纪初，由留日女学生发起，各地掀起了一股女子团体成立的热潮。如1903年4月8日，胡彬夏等人成立的"共爱会"，以全国两亿女同胞为拯救对象，并且其最终目标旨在建成全国性妇女团体。后共爱会组织涣散，秋瑾对此深感担忧，于1907年发表《〈中国女报〉发刊词》及《创办〈中国女报〉之草章及意旨广告》，并将"共爱会"改名为"中国妇人协会"，目标依然旨在建立全国性妇女团体。此后还有"中国留日女学生会""女子复权会"等团体出现。

除了不缠足运动、女学堂、女报刊、女子团体等新气象新事物产生，清末民初的女性生活中还有一个新变化就是婚姻自由。西学东渐对传统婚制和观念造成了很大的冲击，"父母之命、媒妁之言"虽依然存有其有效性，但已然在相当大程度上动摇了"父母－媒妁"的权威，自由恋爱、自由结婚成了清末民初婚姻论中最为洪亮和高亢的声音。

故而在那个动荡不安的年代，女性的生存状态变化显著。因受到西方女性主义思潮的影响，晚清的女性观念已逐渐出现与传统背离的倾向。男尊女卑、三纲五常的传统礼教受到了前所未有的质疑和挑战，虽说思想观念的更新和普及需要诸多时日才可能实现，但新潮既已涌动，其势不可阻挡。在一批先进知识分子的启蒙下，国内涌现出了一些极具代表性的杰出女性，她们引领着其他女性同胞踏上了艰难的"女学"和"女权"之路，直面基本人权严重缺失的现状，积极争取男女平权。在民族危亡之际，她们还参与到救亡图存和民族独立的斗争中，为国民所应具备的各项权利而奋斗终生。这段女性自强、自立、自主的历史，也印证了晚清社会基础变革的深刻性。女性问题与近代中国社会的多舛命运交织在一起，构成了近代中国女性发展变化的画卷。

(二)概念界定

本著主题是启蒙语境下的女权问题研究，在此有必要对"启蒙"和"女权"两个概念做一些梳理和界定。

首先，对"启蒙"的阐释和界定，归纳为两点：其一，"启蒙"的中英文字面意义；其二，发生在18世纪法国大革命的思想启蒙运动，以及后来中国借用"启蒙"这一词汇的进一步的意义。现代中文的"启蒙"一词译自法文les lumieres，意味"光"或"光明"，具有深刻的历史意蕴，启蒙运动根植于西方基督教文化传统，并可以追溯到希腊哲学，接近文艺复兴的主脉。相应地，英文里的Enlightenment一词也同样来源于此，其意思有两种：一是启发、启蒙、教导，二是特指18世纪欧洲的启蒙运动。Enlighten也有两种意思：一是教育、教导、启发、开导，二是使摆脱偏见。如果进一步拆解lighten（照亮、使明亮）和en（使、使成为、使处于……境地）的意思，则能更清晰地看到此词的本意。启蒙的主体是启蒙者，它承担着启发、教导别人的责任，使被启蒙者从"蒙昧"变成"明白贯通"，也即从"落后"变成"进步"。Enlightenment在英文里还有一个特定的意思，是特指"17和18世纪在欧洲知识界获得广泛拥护的一种思想运动和信仰"[1]，这是一个专门的、针对性很强的词。Enlighten针对的是Dark，Dark时代正是启蒙时代之前的中世纪"黑暗时代"，与Dark时代相连的是迷信、愚昧、混沌，而Enlighten则意味着理性、科学。

①《简明不列颠百科全书》(6)，中国大百科全书出版社1986年版，第594页。

　　"启蒙"自身有着广泛性和复杂性。正如福柯在讨论"什么是启蒙"时所言"我们决不应该忘记启蒙是一个事件，或者一组事件和复杂的历史过程，它处于欧洲社会发展中的特定时刻。因此，它包括社会转型的因素，政治体制的类型，知识的形式，实践和知识的合理化的方案，技术的变化，所有这些是非常难于用一个字来总结的"①。这一兼具广泛性和复杂性的启蒙运动有着特定的历史渊源和脉络，而且它表现在政治思想、法律和经济理论等各个领域。启蒙运动中的思想学说正是中国现代化起步之际所吸纳的西方思想的一个基本范围，那些思想学说启蒙了中国一批开明的知识分子，这又使得知识分子成为启蒙者开始对包括女性在内的民众进行新一轮的启蒙。

　　中文的"启蒙"与英文的"Enlightenment"是两个原本无法对等的词汇，一般中文的"启蒙"是指教小孩儿、传授基础知识或入门知识，然而在19世纪90年代以后它们却逐渐融为一体。后来不同学术背景及立场的历史研究都认为，在中国现代化初期出现过一次大规模的思想启蒙运动。微拉·施瓦支认为，19世纪90年代后，严复、梁启超等人"希望求助于西方政治理论和第一流的中国学术成就，来挽救中国文化的精粹"，"他们的努力和失败构成了二十世纪启蒙运动的序幕"②。彭明直接将五四新文化运动称为"启蒙运动"，他认

---

　　① 汪晖、陈燕谷主编：《文化与公共性》，生活·读书·新知三联书店1998年版，第435页。

　　② [美]微拉·施瓦支：《中国的启蒙运动——知识分子与五四遗产》，李国英等译，山西人民出版社1989年版，第36—37页。

为五四之前，中国除了学习西方的船坚炮利还翻译介绍了西方的各类思想学说，少数知识分子向广大尚处于"封建"和"落后"状态的大众进行启蒙。[1]刘纳认为，早在辛亥革命之前，中国一批先进知识分子就"曾经发动过具有相当声势的思想启蒙运动"，包括"政治思想"的启蒙，提倡"道德革命""家庭革命""三纲革命"以及"女权革命"等内容。[2]依据上述各种论述以及我们阅读的历史文献，故将本著所论述的"启蒙"的起始日期定于1890年代。

其次，关于"女权"的界定。自清末开始，中国从西方引进了很多新词，就带有"权"的新词汇来说，比如"主权""国权""君权""人权""女权"等等，都是当时比较流行而且也是深刻影响了近代中国的重要思想。《清议报》第38号（1900年3月11日）上登载的《男女交际论》其序言里就已提到"（福泽谕吉）先生喜言女权"。这是福泽谕吉1899年在日本《时事新报》上所发表文章的翻译。1900年从日本翻过来的文章里提到"女权"这个事实，值得我们注目。在此之前，梁启超也没有使用过"女权"。按照须藤瑞代的总结，清末一些学者提到的女权一般有两层含义：（一）他们所说的"女权"有两个目的，一是女性应恢复其"天赋人权"，另外则是要女性贡献国家。（二）他们主张"女权"，一方面否定旧

① 彭明：《五四运动史》（修订本），人民出版社1998年版，第124—131页。
② 刘纳：《嬗变——辛亥革命时期至五四时期的中国文学》，中国社会科学出版社1998年版，第10页。

式的女性形象，另一方面则摸索新女性的形象。①

众所周知，女权主义是一个从西方翻译过来的词汇，它"作为一种理论与实践包括男女平等的信念及一种社会变革的意识形态，旨在消除对妇女及其他受压迫社会群体在经济、社会及政治上的歧视"②。然而跟"启蒙"一样，它又是一个含义极为广泛且复杂的词汇，早在五四时期就有人指出女权主义是一种"没统一纲领""包括各种复杂的思想""常常变迁主张"③的思想主张。正因为女权主义的这种流动性、众说纷纭性构成了女权主义的丰富性、多面性和复杂性。自从"女权"登上中国近现代舞台之后，便与中国特定的历史和文化环境纠缠生长在一起，本著所谈的"女权"则包含了它在中国土壤中所生发出来的各种新义、转义，它在很大程度上与原先或当今在西方流行的各种女权主义主张和观点相比发生了变异。

以上所述，"启蒙"和"女权"两个概念是本著的两个基点也是难点，本著基于这样一种立场和视角：一方面，在中国女性问题被提出之前，先是由西方传教士，后来由早期维新派、戊戌维新派、革命派等男性承担着启蒙者的角色，女性处于被启蒙者的位置；另一方面，被启蒙的女性觉悟后可能成为"先进女性"或"新女性"，因此她们又成为启蒙者再

---

①　[日]须藤瑞代：《近代中国的女权概念》，载《山西师大学报（社会科学版）》第32卷第1期，2005年1月。

②　谭兢嫦、信春鹰主编：《英汉妇女与法律词汇释义》，中国对外翻译出版公司1995年版，第129页。

③　[日]原田实：《弗弥涅士姆概说》，味辛译，《妇女杂志》第八卷第五号。

去启蒙和动员未觉悟的落后女性，这一面向包含着更多的女性自我启蒙的意义。

二、研究意义

1.学术意义。自19世纪末20世纪初开始的女权启蒙思潮为女性进入历史叙述作了有力的铺垫和准备，尤其是五四新文化运动和五四新文学的诞生，为开创这一新的领域提供了重要条件。本著旨在吸纳中国女性史研究的已有成果的基础上，探究启蒙语境下的女权思想，进一步发掘中国女性问题的丰富性和复杂性，以充实1890至1930年代的女性研究。从女性的立场和视角出发，作出更加贴近历史的描述——更重视历史的过程，而非结果。同时，从政治思想史的角度去研究女性问题也拓宽了关于女性问题的研究视角。

2.现实意义。产生于中国19世纪末20世纪初的女权思想，启蒙了辛亥革命以来的妇女运动，在中华民族独立、复兴和发展的进程中，形成了具有鲜明中国特色的运动形态，在中国共产党的领导下，创造了大量宝贵的历史经验和精神财富。探索和研究女权思想以及妇女运动，彰显巨变时代里女性为中华民族独立复兴、国家民主富强和女性解放发展做出的不懈努力和卓越贡献，对于推动中国女性运动的进步具有重要的历史意义和现实意义。同时，研究女性权利思想的产生、发展和女性运动的成败得失，探究公民意识的培育、公民权利的诉求以及有效开展政治管理层与公民的良性互动对当今社会的政治实践和文化建设具有重要借鉴意义。

三、文献综述

（一）国内关于中国女性问题的研究现状

国内学界关于女性问题的探讨和研究主要分为两个时期：

（1）从 19 世纪末 20 世纪初到 20 世纪 30 年代。继明末清初"西学东渐"后，大约于 19 世纪中叶开始，西方的各类思想和学说再次大量传入中国，其中西方女性主义理论是"西学东渐"过程中对近代中国产生重大影响的学术思想之一。女性主义传入中国后，在思想界备受关注，同时也启发了当时先进知识分子重新审视女性在国家和社会中的地位以及女性修为与家国兴盛的关系，由此开启了近代中国思想界关于女性问题的讨论和探究。

近代中国的女性研究，是在本土社会基础上成长起来的大量吸收了西方文明思想的新知识分子的女性观的体现。它包括两种：男性妇女观和女性妇女观。前者可认为是维新派知识分子和新文化运动中的知识分子，后者主要是近代资产阶级上层知识女性和革命女性。这两种不同的妇女观代表了近代女性研究的两条主线。

19 世纪末 20 世纪初的研究主要倾向于介绍西方女性运动的历史和理论，例如英国社会学家斯宾塞的女权论、俄国虚无党领袖苏菲亚的事迹以及马克思和恩格斯关于妇女问题的观点，均被介绍到中国，但研究女性的专题文章极少，更没有研究女性参政问题的专著。不过早期维新派倒是对中国的性别问题进行过观察和思考，并对妇女的生存状况提出了一系列主张。比如他们主张女性接受教育、反对缠足等。这些主张对传统的观念造成了一定程度的冲击，然而早期维新派更多的是在东西对比的直接刺激下引发了其对中国被压迫女性的同情，还未形成明确的系统的认识，可以认为这是新兴资产阶级在女性问题上的初步觉醒。以早期维新派提出的"兴女学""废缠足"为突破口，以康有为、梁启超为代表的戊戌维新知识分子将女性解放问题放在了救亡图存、强国保种的重要位置上。戊戌维新派以西方的"天赋人权"和"民权"观念为理论指导，提出了一套较为系统的关于女性问题的阐释，这在内忧外患的社会背景中极具国家民族主义色彩，对生活在家国一体的传统中国社会中的女性同胞来说，具有很强的号召力和感染力。

在"天赋人权""民权"等观念引入的背景下，相应地，女权主义理论由部分知识分子作为救亡的理论引入中国。其中较为有代表性的是马君武，他的主要观点就是反对对女性实行专制，应实现男女平等。马君武译介过来的女权观念启发了众多学者，成了当时很多知识分子研究女性问题的理论武器。女权运动被看作是西方先进文明的一种象征，"男女平等""妇女解放"等词语被视作现代性的鲜明标志，这启蒙了众多女性同胞，故清末民初时期的女权"声浪高涨"。

这个时期中国国内一些关心女性问题的人士，开始以资产阶级学说研究妇女问题。1903 年，金天翮发表了《女界钟》，这是近代中国第一部论述女性问题的专著，书中作者第一次喊出了"女权万岁"的口号，可谓是敲响了中国女权运动第一次振聋发聩的钟声。这一时期有代表性的女权先驱里，吴孟班、裘毓芳、吕碧城、秋瑾、何震、陈撷芬、张竹君等站在女性自身的角度提出了一系列的主张，形成了较为相似却不尽相同的女性观，为推动女性解放做出了很大贡献。吴孟班（1883—1902）是女权先驱，她提出了一个很重要的观点，认为女子失学、女权丧失固然是由于男子的压迫，然而原因不止于此，女性的自我奴役导致的永世沉沦才更可怕。所以吴孟班以创立上海女学会、提倡女子教育为己任，她痛恨女子的自甘束缚，告诫女性应对自身进行深刻反省。作为女性，先要自救，应享受充分的权利，而后才能够担负起救亡图存的使命。吴孟班的观点对男尊女卑的传统旧秩序而言是一个巨大的颠覆，女学和女权二者的重要性被多次强调，为女性从传统到现代的角色转变提供了有效的理论支持。秋瑾（1875—1907）在近代中国女性中是颇为瞩目的一位，她是晚清女界的先觉者。早年梁启超的《饮冰室文集》及《新民丛报》特别是《近世第一女杰罗兰夫人传》给秋瑾留下极深的印象，后来秋瑾在《〈精卫石〉序》中号召中国女性继承罗兰夫人的精神，她本人也一直以罗兰夫人为楷模。从提倡"家庭革命""男女革命"转向民族解放，秋瑾成了中国妇女启明社的重要成员，她很快接受了革命思潮，以推广女学为己任，号召女学自立，争取女性解放，最终为救国而献身。

到了五四新文化运动时期，对女性问题的讨论就外延到了女性解放等方面的问题，成为当时备受关注的焦点。《新青年》杂志也刊发了诸多新文化知识分子的观点文章，如胡适的《贞操问题》《李超传》，李大钊的《现代的女权运动》《废娼问题》，陈独秀的《妇女问题与社会主义》，等等。他们的女性观不尽相同。如胡适受西方女性主义思潮的影响，主张改良主义女性观，提倡个性觉醒论，思想的启蒙是其更加关注的问题，同时强调在个性解放中就应该吸纳女性解放。可以说从政治、经济到文化的层面，胡适坚持的都是一种渐进改良观，想要把"道德革命"纳入"道德改良"的框架。而李大钊则主张由"道德革命论"走向"社会革命论"，他坚守一种社会主义女性解放观。这是因为李大钊受到马克思主义女性观影响，认同阶级解放论，认为只有实现了社会主义和阶级解放，女性才会得到根本解放。

从1921年中国共产党成立到1949年新中国成立，以毛泽东、周恩来、邓颖超等为代表的中国共产党人将马克思主义的妇女观引入到中国妇女运动的实践中，发表了诸多关于女性解放和参政问题的论述，如邓颖超的《苏维埃区域的农妇工作》、向警予的《国民会议与妇女》等。

（2）20世纪80年代至今。在中国"对外开放"政策的影响下，国外一些新的学术研究与理论方法传入国内，其中女性主义理论的传入，使国内学术界开始了妇女学方面的研究。翻译介绍了很多西方女性主义理论著作，比如朱虹于1981年至1984年间，先后选编了《美国女作家作品选》《美国女作家短篇小说选》，并翻译引进丹尼尔·霍夫曼主编的《美国当代文学》，这几部著作成为中国早期女性主义批评资源的初始援引，引起当时国内文学批评者的关注。而后越来越多的西方著作被翻译过来，西蒙·波伏娃的《第二性》《女性的秘密》和贝蒂·弗里丹《女性的奥秘》对当时学者来说是最具震撼力的著作。随着国内对西方学说的译介，国内女性主义研究逐步从评介走向应用。这个时期的女性研究队伍以女性为主力，把女性自身作为研究对象，通过社会学、历史学、人类学、伦理学、心理学、生物学等诸多学科，对女性问题进行多方位多角度的探究。

20世纪90年代关于中国女性问题的研究更多地集中于女性参政问题这一实践活动层面上。女性参政方面的研究兴起主要集中在1993年以前，定位于女性读者的报刊《中国妇女报》《中国妇女》和《现代妇女》刊发了相当数量的文章，1988年至1990年还开辟了《妇女参政对话》《妇女与权力》等专栏，探讨女性参政率滑坡等问题。1991年中国妇女报、中国管理干部学院妇女研究所共同组织了全国妇女理论研讨会。在资料方面，全国妇联妇女史研究室编写的《中国妇女运动史资料》（5册）是目前通用且较具权威的史料。20世纪80年代中后期，生活·读书·新知三联书店出版了李小江主编的"中国妇女研究论集"：《夏娃的探索》《华夏女性之谜》《上古华夏妇女与婚姻》《女性观念的衍变》《女性审美意识探微》，可以说是女性研究新理论、新视角与本土化研究相结合的肇端。

1993 年后女性研究从理论构建、资料诠释上更加完善，如李又宁、张玉法编写的《近代中国女权运动史料》（上下册），对妇女研究者来说是非常值得参考的材料。李小江主编的"性别与中国丛书"：《平等与发展》《批判与重建》，李银河的《女性权力的崛起》《妇女——最漫长的革命》，鲍晓兰主编的《西方女性主义研究评介》，李秋芳主编的《半个世纪的妇女发展——中国妇女五十年理论研讨会文集》，王政的《女性的崛起》，王政、杜芳琴主编的《社会性别研究选择》等，研究者们既有对西方著作的译介，也有基于本土意识的创造。在此期间，也涌现了一批妇女参政研究的专著，如全国妇联妇女研究所理论室的《妇女参政导论》，梁旭光的《民主政治进程与妇女参政》，李光炎的《女性领导论》，王行娟的《中国妇女参政的行动》以及叶忠海的《中国女领导人成才和开发研究》等。

（二）1890—1930 年代中国女性问题已有的研究成果

近年来，美国汉学界在中国女性史研究方面的成果显著。"海外中国妇女史开山之作"——《内闺：宋代的婚姻和妇女生活》英文版出版于 1993 年，作者是伊沛霞，这本著作可以说开启了国外对中国女性研究的热潮。对 1890—1930 年代中国女性的研究，如 1997 年出版的英文版贺萧（Gail B. Hershatter）的《危险的愉悦：20 世纪上海的娼妓问题与现代性》，白馥兰（Francesca Bray）的《技术与性别——晚期帝制中国的权力经纬》，近年来作为"海外中国研究丛书·女性系列"被翻译成中文出版。贺萧在书中所探讨的娼妓话题从晚清到"五四"的变迁体现了近代中国妇女观形成的一个侧面，对1890—1930阶段的女性研究提供了一个新的视角。

日本学界关于中国女性的研究总体说来比美国汉学界更为厚重和扎实，日本在学科发端和完善方面早于美国学界，研究人员相对美国学界更多，且研究更重视史料和实证。早在 1960—1970 年代，中国大陆学界尚处于封闭和停滞状态，日本的中国女性史研究就已初具规模。如 1978 年小野和子的《中国女性史：从太平天国到现代》，这是日本学界最早的有关近代中国妇女历史的学术专著，1987 年被翻译介绍到中国来。1977 年 9 月，一些日本学者在东京发起成立了"中国女性史研究会"，并在 1989 年创刊了《中国女性史研究》，发表了大量关于中国近现代女性史方面的研究成果。21 世纪初，东京成立了《妇女杂志》研究小组，对这份中国现代持续时间最长的妇女刊物进行了多角度的考察和研究。2005 年由村田雄二郎主编的关于《妇女杂志》研究的论文集出版，即《从〈妇女杂志〉看近代中国女性》，收录了日本、中国学者的研究论文共 13 篇（其中 9 篇于 2004 年以中文形式在台湾《近代中国妇女史研究》第 12 期上发表）。21 世纪以来出版的日文相关专著还有姚毅的《近代中国的生育与国家·社会》，须藤瑞代的《中国"女权"概念的变迁：清末民初的人权和社会性别》，坂元弘子的《中国民族主义神话——人种·身体·社会性别》等。

除此之外，李木兰（澳）的《性别、政治与民主——近代中国的妇女参政》（Gender，Politics，and Democracy），探讨了从19世纪末到20世纪中叶约半个世纪之久的大动荡年代的中国女性参政运动，沿着精英妇女活动家们从"男女平等"到"男女有别"主张的演变路径，考察当时那些妇女活动家们在不同时期对参政的不懈追求，进而挑战男性主宰的伦理道德基本理念、政治权利和社会秩序，从而构建女性的集体政治身份。这对女性参政方面的研究做了一个补充。

20世纪八九十年代，中国台湾的女性史研究取得了稳步的进展，1993年由中国台湾"中央研究院"近代史研究所主办的《近代中国妇女史研究》问世，该刊物至今已走过20多年的历程，发表论文的作者大多来自美国、日本和中国学界，不论在作者队伍还是论文的语言文字方面都相当国际化，博采众长。2004年，该刊物推出了"《妇女杂志》研究专号"，对1915—1931年历时17年的《妇女杂志》进行了多角度多方位的研究和评述，为近代中国女性报刊的研究提供了诸多资料和线索。

进入21世纪，中国大陆关于中国女性问题研究的著述迭出，特别是妇女史研究的著作颇多。如陈高华、童芍素主编的《中国妇女通史》是国内第一部大型妇女通史，按时代划分为10卷，包括先秦卷、秦汉卷、魏晋南北朝卷、隋唐五代卷、宋代卷、辽金西夏卷、元代卷、明代卷、清代卷、民国卷。其涉及的内容极其广泛，触探到社会生活的众多方面，其中第10卷民国卷就民国时期的女性观、婚姻、家庭生活、政治文化生活及宗教信仰等予以充分展示，对进一步研究民国时期的女性问题有很大的参考价值。顾秀莲主编的《20世纪中国妇女运动史》（上下卷），上卷详细介绍了戊戌维新运动以来妇女运动的酝酿、兴起、转变与蓬勃发展的历史过程。黄兴涛的《"她"字的文化史——女性新代词的发明与认同研究》另辟蹊径，从单独的一个汉字"她"入手，来探讨其折射出的文化史内蕴，由"她"字创生之初的不同观点以及围绕该字的字形而展开的激烈争辩去探讨当时中国的女性问题。正如陈寅恪所说："凡解释一字即是做一部文化史。"郑永福、吕美颐的《近代中国妇女与社会》从社会变迁、婚姻家庭与社会角色、文化变异、性别制度与社会规范等方面探讨中国女性在近代政治、文化、社会中的角色变化过程。宋少鹏的《〈西洋镜〉里的中国与妇女——文明的性别标准和晚清女权论述》聚焦于中国女权思潮和实践的缘起阶段，在全球史的视野中把晚清女权问题论述和实践行动放置于西方文明论在近代中国传播、转化的大理论图景中，来探求中国女权思想与欧美文明观的谱系渊源。柯惠玲的《近代中国革命运动中的妇女（1900—1920）》以近代中国女权运动的起伏为切入点，检视晚清国族主义、五四思想文化运动与政党革命究竟为女权带来何种时代精神及内涵。刘慧英的《女权、启蒙与民族国家话语》将女权话语置于中国民族国家话语兴起的过程中进行论述，分析其在中国现代化转型过程中的意义。张春田的《女性解放与现代想象——思想史视野中的"娜拉"》在"娜拉"跨语际进入中国后，分析考察其在被传播、模仿的历史与文化语境中女性解放和个人主义话语的展开过程，且探讨现代民族国家建构中"娜拉"故事的关联。夏晓虹的《晚清女性与近代中国》《晚清文人妇女观》《晚清女子国民常识的建构》等更多的是从文学史的角度对女性问题进行探究。邵雍的《中国近代妇女史》从历史学的角度根据中国近代的妇女观、女子斗争、女性团体与人物研究等几个方面展开，从而展现了近代中国女子生存状态、女性运动斗争的面貌。孙桂燕的《清末民初女权思想研究》梳理了清末民初女权思想的产生和发展，对探究这一阶段的女性主义有一定的参考。杨剑利的《女性与近代中国社会》主要从社会史的视角对近代中国的女性问题进行研究，其关注点是女性的社会生活、家庭生活状况及其变化，通过揭示这一变化来提供一些思考性别关系与社会关系的新线索。

四、研究方法和思路

（一）研究方法

1.历史研究法。本著是政治思想史研究，因此需要采用历史研究法对历史史实进行梳理和分析。回顾19世纪末到20世纪30年代这一历史进程，面对内忧外患的动荡时局和被压迫被奴役女性的悲惨命运，考察启蒙者是如何形成较为成熟的女性观并在思想文化领域掀起一场启蒙运动，进一步探究接受了西方学说和中国知识分子"启蒙"的极具代表性的中国女性又是如何在"女学"和"女权"之路上越走越远的。

2.比较政治学研究视野。受西方女性主义理论的影响，中国女性的诸多问题在先进知识分子的关注下逐步成为一个亟于探究和解决的重要问题。由于清末民初中国处于内忧外患的特殊情境中，女性问题必然与西方的女性问题不尽相同，故在探索这一阶段女性主义的历史进程和政治图景时，需要与西方的女性主义做对比性的探讨。比较政治学研究视野对于思想史研究而言是非常必要的。

3.女性主义研究法。本著的研究对象是启蒙语境下的中国女权思想及女权运动的相关问题研究，亦是一种性别研究，故女性主义研究法也是需要采用的方法之一。既涉及对女性群体的研究，也包含了对女性行为的探究。

4.概念分析法。本著所立足的时代背景是中国从"天下"到"国家"转变的过程，故在对论题进行展开之时，本研究试图对涉及的基本概念进行界定和分析，如"启蒙""天下""国家""臣民""国民""公民"，等等。

5.文本解读法。对研究涉及的基本文献，包括清末民初的知识分子（严复、康有为、梁启超等）的著作、当时的女性报刊杂志等文本进行梳理和解析。

（二）研究思路

本著将紧紧围绕"启蒙"和"女权"二词进行，共分为五章。第一章是导引启蒙话语的背景铺垫，描述分析近代中国女权的先声。先是展现了中国传统社会占主流地位的女性观，接着到了清代对这种传统的女性观进行了沿袭和重构，这其中当然也出现了不同的声音，这个声音正是来自明末清初的一些启蒙思想家们。而后西方女权理论和译著宣介到中国，对传统女性观造成了强烈的冲击，于是中西方文化在彼时发生了碰撞，启蒙之幕揭开。

第二章是探讨启蒙之幕揭开后首先要解决的问题，也就是女性的社会定位问题。这集中表现为对"女国民"观念的探讨以及关于贤妻良母主义的论争。这两个极具代表性的探讨在1890至1930年代的研究时间段上并非是分段式的，而是一直持续的，从戊戌维新运动到新文化运动再到抗日战争时期，关于女性社会定位问题的探讨热度不断攀升，可以鲜明地反映出女权启蒙思想的变化和发展。

第三章是讨论对女性进行启蒙的过程中最核心的两个部分，一个是女学，另一个是女权。要想使女子从传统的社会定位中挣脱出来，让女子一步步觉悟觉醒，最主要的途径就是振兴女子教育，提高女子的综合素养，以完成启蒙知识分子口中所说的"国民性改造"。在受教育的过程中，女子争取男女平等、男女平权的意识也在不断增强。

第四章是女性的个体解放与民族解放。旨在展现受启蒙的作用影响，一些女性开始觉悟，并积极追求个性解放。个性解放的讨论在五四新文化运动期间十分典型，"娜拉"的出现又将个性解放与女性解放结合到一起。这成为女性解放的一个契机。然而在当时国家民族的危难时刻，民族解放相较于女性解放就有了优先性，这时候女性解放还必须通过民族解放来实现，所以这一阶段的女权启蒙有了更多的复杂性。

第五章是女性群体的身份自觉。在被启蒙的过程中，从最开始有了极少数的女性先觉者到后来越来越多的女性群体、女性团体出现。她们逐渐形成了一个个的性别新景观，特别是女性职业群体的觉悟和斗争充分展现出女性集体争取女权的顽强信念和精神风貌。而女性群体的身份自觉正是启蒙进一步推动的结果。

（三）创新之处

1. 关于 1890—1930 年代的中国女权问题这个研究主题，就国内外目前的研究来看，学者们更多的是从文学史和社会史的角度来展开研究。大体而言，这些研究既缺乏必要的学科交叉性研究，也没有扩展到女性问题的思想史层面。故此，本著在政治学的基础上，运用相关学科的研究成果，对该问题进行一种交叉性的综合研究，以弥补囿于单一学科研究而造成的难以呈现女性问题复杂面相的缺憾。此外，本著特别着力于对女性问题的思想史阐释，尝试着在有关女权问题的散乱叙事中勾勒出较为清晰的女权问题的思想图谱，以拓展学界的研究视野。

2. 本著试图在"史论结合"方面做出应有的学术贡献。"史"自然是有关女权问题的相关事实，"论"则是政治学的相关理论。与前述问题相关，已有的研究中，所谓"论"多来自文学史、运动史等，而鲜有将政治学的经典理论沿用到对近代中国如此长时段的女权问题研究中。本研究根据不同的"史实"，沿用不同的"理论"，如公民文化理论和女权主义理论等，展开富有政治学学科特征的"史论结合"研究。

3.女权问题不论其产生、沿革过程，还是其呈现出来的特点、影响等，都与当时的启蒙社会背景和思想氛围分不开。换言之，近代中国与女权相关的方方面面，都受制于启蒙这个大背景。因此，本著将女权问题置于"启蒙语境"下进行研究，不论是对框架的搭建，还是对问题特性的分析，都尽可能地考虑到启蒙语境这个独特的背景影响。

第一章　近代中国女权的先声

中国历史上长期呈现出男尊女卑等现象，女性沦为了男性的附属品，这种附属性不仅体现在性别关系、家庭关系以及社会关系中，更是浸透到国家法律和世俗观念之中。在政治、经济、文化、社会等各个层面，女性在相当长的时间里都遭受着不平等的待遇和歧视。这是中国几千年来流传下来的思维模式、行为习惯。

然而，在传统中国以"男尊女卑、重男轻女"为主流价值观的文化背景下，还是出现了一批启蒙思想家，他们发出过一些不同于当时主流价值观的呼声。尤其是在明末清初，一些启蒙思想家关注女性的悲苦生活，表达出对现实社会中存在的"男尊女卑"以及男女不平等现象的强烈不满。虽然未能给社会观念带来巨大的改变，但起到了十分重要的积极作用，对后世也有诸多的借鉴意义。

伴随着西方男女平等思想的传入、传教士的启蒙以及《女权篇》等译作的影响，中国传统的女性观受到了极大的冲击，中西方文化在彼时交汇发生了强烈的碰撞。早期维新派的知识分子开始意识到了"废缠足、兴女学"乃当时救国之根本。这便是近代中国启蒙之先导，也成了近代中国女权的先声。

一、清代女性伦理的沿袭与重构

（一）精神控制的强化

母系氏族社会，女性的地位比较高，这是因为一方面随着原始农业和家畜饲养的出现，作为其发明者的女性在生产和经济生活中受到普遍尊重，另一方面女性还兼具繁衍后代的重任，这就使得这一时期的女性享有较高的地位。从甲骨文中的"女"字和"好"字可见一斑，"女"像一个端庄正坐的女子，娴静地交叠着双手，有的甲骨文还在"女"的头部位置多加了一横，表示发簪之意。"好"正似一个母亲抱着初生婴儿的形象，这一象形字极其生动地祖呈着华夏先民对女性在种族繁衍这一贡献上无限崇拜的文化心态。由此可见，在母系氏族社会中女性的地位是受到尊崇的。

进入新石器时代，随着第一次社会大分工和私有财产的出现，男子在生产中的作用愈发重要，这和其在传统的财产继承方面的无权地位发生了冲突，母权制逐渐被父权制所取代，不可否认这是一个相当漫长和复杂的过程。然而，可以肯定的是，母权制覆灭之后，中国女性在今后相当长的时期内都处于相对压抑和弱势的境地。

先秦时期以来，我国古典哲学思想常以阴阳理论来论证男尊女卑的关系。"一阴一阳之谓道"①，即认为世间万物都是由阴与阳构成，万物循环和交替皆是由于阴阳之变化而造成的。《周易》中，形容天为阳，地为阴，相对于地，天是被仰望和最尊贵的。又有"乾，天也，故称呼父；坤，地也，故称呼母"②，"乾道成男，坤道成女"③，阴与阳、天与地、男与女的差别便体现出来。"天尊地卑，乾坤定矣，卑高以陈，贵贱位矣"④，天之高贵与地之卑贱的差别更为明晰，而男与女也确定了其相对应的位置。由此，《周易》将男女两性的自然价值引向社会价值，赋予自然以人化的特征，男女之间的地位不平等，男性支配女性，男尊女卑成了传统社会的基本原则和行为规范。

传统社会往往称呼女性为"妇人""妇道人家"，丈夫称呼妻子为"夫人""贱内""拙荆""糟糠"等等。"女者，如也；子者，孳也；女子者，言如男子之教而长其义理者也：故谓之妇人。"⑤这预示着传统社会中一种最特殊而最不平等的观念，即妇人非"子"。虽然"女子"也称作子，但其用意和男子之"子"不同。子有滋生长养之意，是能够传宗接代的，是男子的专称。而"妇，服也。从女持帚，洒扫

① 朱熹：《周易本义》，北京大学出版社1992年影印本，第141页。
② 朱熹：《周易本义》，北京大学出版社1992年影印本，第171页。
③ 朱熹：《周易本义》，北京大学出版社1992年影印本，第137页。
④ 朱熹：《周易本义》，北京大学出版社1992年影印本，第137页。
⑤ 王聘珍：《大戴礼记·解诂》，中华书局1983年版，第254页。

也"①，从"妇"由"女"和"帚"的构成看，女人在家中就是清扫庭院、打理家务的代名词。妇人，不过伏于人，依附者罢了；夫人，不过扶人而已，没有独立性；贱内、拙荆、糟糠虽是谦词，但这些往往都带有粗鄙、简陋、低劣之义。《诗经·小雅》有云："乃生男子，载寝之床，载衣之裳，载弄之璋。……乃生女子，载寝之地，载衣之裼，载弄之瓦。"②可见，先秦社会生男子与生女子就有如此之大的差异，所以女人也不愿意生女孩，都想要生儿子。

建立在男尊女卑观念的基础上，传统礼教逐渐形成了以三纲和三从四德的核心内容来约束女子的言行道德规范。三纲即君为臣纲、父为子纲、夫为妻纲，其思想雏形源于战国时期，荀子认为"若夫君臣之义、父子之亲、夫妇之别，则日切瑳而不舍也"③，这意味着君臣之间的道义、父子之间的亲情以及夫妻之间的区别是要明察和讲究的，要整顿好涵盖三者关系的礼仪制度。"凡为治必为定分，君臣、父子、夫妇。君臣、父子、夫妇六者当位，则下不逾节，而上不苟为矣"④，这表明要确认主从等级关系，君、父、夫为至尊也，臣、子、妻不可逾矩。"臣事君，子事父，妻事夫，三者顺则天下治，三者逆则天下乱，此天下之常道也"⑤，这表示主从等级关系的稳定关乎天下和社稷的安危，主从关系顺，天下

---

① 许慎撰，段玉裁注：《说文解字注》，上海古籍出版社1981年版，第614页。
② 王秀梅译注：《诗经·斯干》，中华书局2015年版，第410—411页。
③ 杨朝明注说：《荀子·天论》，河南大学出版社2008年版，第243页。
④ 刘生良评注：《吕氏春秋·处方》，商务印书馆2015年版，第796页。
⑤ 王守常译注：《韩非子精注精译精评》，线装书局2016年版，第677页。

便可治，主从关系逆，社稷便会乱。到了西汉，巨儒董仲舒从天人关系出发，用《易经》的理论来论证天尊地卑、阳尊阴卑的思想。其认为"天为君而复露之，地为臣而持载之，阳为夫而生之，阴为妇而助之……王道之三纲，可求之于天"①，自然有天地阴阳之分类，阳为尊而阴为卑，并且将这种自然的天理应用到人类的伦理道德之中。"天出至明，众知类也，其伏无不焰也。地出至晦，星日为明，不敢暗。君臣、父子、夫妇之道取之此，大礼之终也"②，他认为这三纲理论是不可抗拒的自然之理，存在着无可抗争的强约束力，应当服从且不可侵犯。于是，根据"天尊地卑"的思想，董仲舒以"阴阳五行说"确立了"纲常"理论。后汉章帝召开白虎观会议，"三纲者，何谓也？谓君臣、父子、夫妇也。故君为臣纲，父为子纲，夫为妻纲"③，确认君权、父权、夫权的神圣不可侵犯性。

"三从四德"是在三纲的基础上对女性进一步的教化和约束，"三从"即未嫁从父，既嫁从夫，夫死从子；"四德"即妇德，妇言，妇容，妇功。在对女性进行传统礼教教化的过程中，"三从四德"是最核心的内容。从现有文献看，与"三纲"源起的时间类似，"三从"的文字记录源于战国时期，从《仪礼》《礼记》中可知一二。《仪礼·丧服传》言："妇人有三从之义，无专用之道，故未嫁从父，既嫁从夫，夫死从

---

① 董仲舒：《春秋繁露·基义》，叶平注译，中州古籍出版社2010年版，第162页。
② 董仲舒：《春秋繁露·观德》，叶平注译，中州古籍出版社2010年版，第107页。
③ 班固：《白虎通·三纲六纪》，中国国家图书馆藏元刻本影印原书版，北京图书馆出版社2006年版。

子。"①《礼记·郊特牲》载："妇人，从人者也；幼从父兄，嫁从父，夫死从子。夫也者，夫也；夫也者，以知帅人者也。"②与"三从"并行的"四德"也称之为"四行"，始见于《周礼·天官·冢宰》的"九嫔"条："九嫔：掌妇学之法，以教九御妇德、妇言、妇容、妇功，各帅其属而以时御叙于王所。"③对"三从四德"作了较为明晰的概括。西汉时期，董仲舒和班固、班昭兄妹对《仪礼》和《礼记》中的"三从四德"作了进一步的阐述与解释。董仲舒在《大戴礼记·本命》中言："妇人伏于人也，……在家从父，适人从夫，夫死从子，无所敢自遂也。"④班固在《白虎通·嫁娶》中有类似的言语："妇者，服于家事，事人者也。"⑤在《白虎通·爵》中进一步阐释了"三从"，即"妇人无爵何？阴卑无外事，是以有三从之义，未嫁从父，即嫁从夫，夫死从子，故夫尊于朝，妻荣于室，随父之行"⑥。其妹班昭则在《女诫·妇行》中对"四德"进行了较为详细的诠释．"清闲贞静，守节整齐，行己有耻，动静有法，是谓妇德。择辞而说，不道恶语，

---

① 贾海生主编：《中华礼藏·礼经卷·仪礼之属第二册》，张焕君、贾海生点校，浙江大学出版社2016年版，第858页。

② 郑玄注，陆德明释文：《宋本礼记·二》，国家图书馆出版社2017年版，第157页。

③ 郑玄注，贾公彦疏：《周礼注疏·天官冢宰》，李学勤主编，北京大学出版社1999年版，第192页。

④ 戴德撰，(西魏北周)卢辩注：《大戴礼记(二)》，中华书局1985年版，第219页。

⑤ 班固：《白虎通·嫁娶》，中国国家图书馆藏元刻本影印原版，北京图书馆出版社2006年版。

⑥ 班固：《白虎通·爵》，中国国家图书馆藏元刻本影印原版，北京图书馆出版社2006年版。

时然后言，不厌于人，是谓妇言。盥浣尘秽，服饰鲜洁，沐浴以时，身不垢辱，是谓妇容。专心纺绩，不好戏笑，洁齐酒食，以奉宾客，是谓妇功。"[1]于是，从妇德到妇言，从妇容到妇功都有了一系列的规范和标准，不能越池半步。"三从四德"的观念在汉代有了较为系统的确立和阐释，并为后世的朝代所重视及延续，成为传统礼教中用来规范女性的思想与行为的准则。

同样是从汉代起，出现了传统女教。这种教育并非如今天的女性所接受的统一教育，并非向女性传授知识和经验，而是对其如何做好"三从四德"的表率进行教育。班昭所著的《女诫》以及刘向所写的《列女传》可视为传统女教的早期范本。《女诫》全书共1700多字，分为《卑弱》《夫妇》《敬慎》《妇行》《专心》《曲从》《和叔妹》7篇，这本书明确了作为女性应有的职责和社会地位，探讨了女性在家庭生活中如何与丈夫、公婆、亲人处理好关系，如何提高自身的内在素质，而这些素质往往是在祭祖和家务方面需要拥有的"谦让恭敬，先人后己；有善莫名，有恶莫辞；忍辱含垢，常若畏惧"[2]。可以说《女诫》一书是我国首部系统化的传统女教读本，也多为后世朝代借鉴和效仿。唐代散郎侯莫陈邈之妻郑氏所著《女孝经》，共18章，记载了女性成为人妻之后应遵循的具体生活言行准则。唐代宋若莘撰写、宋若昭注释的《女

---

① （汉）班昭，（明）吕坤著：《女诫·闺范译注》，黄冠文、宋婕译注，上海古籍出版社2020年版。

② （汉）班昭，（明）吕坤著：《女诫·闺范译注》，黄冠文、宋婕译注，上海古籍出版社2020年版。

论语》也是较为著名的女教读物，该书四字成句，格律简单，通俗易懂，实用性较强，所以宣传范围较广，对于传统女教思想的传播效果不亚于《女诫》。

明清时期，女教的氛围更加浓厚。明成祖仁孝徐皇后的《内训》是明代宫廷女教的典范，内容包括女子的德性、修身、谨言慎行等方面。此外，章圣皇太后的《女训》、慈圣皇太后的《女鉴》也是同时代女教的范本。到了清代，可以说是传统社会中女教规模最大、程度最深的一个时期，涌现出众多女教经典读物，如陆圻的《新妇谱》、贺瑞麟的《女儿经》与《妇女一说晓》、陈宏谋的《教女遗规》、蓝鼎元的《女学》，等等。与此同时，清朝民间也涌现出不少无名氏的女教读本，如《闺训千字文》《绘图女儿三字经》《闺阁箴》等，这些读本内容生动有趣，道理浅显易懂，能够为大多数平民接受，其影响较之上层官方范本更为广泛和深远。在传统女教观念中，贞节观念可以说居于首位。�然，贞节观念自汉以来的任何一个朝代都是备受重视和强调的。虽然其间也有像唐代这样的贞节观念较为淡薄的时代，但在意识形态和伦理道德上，从一而终的贞节底线要求在上层统治阶级眼里没有丝毫放松，可以说我国传统社会的贞节观念经历了一个由宽泛到极致严格再到宗教化的过程，贞节观念成为迷信而宗教化，正是在清代。

贞节之贞为"正"，指在妻子对丈夫的关系上，忠贞不二，十分专一。具体说来就是女子不改嫁或不失身，即婚前不失身，婚后不改嫁。《礼记·郊特牲》可以说是最早出现反对女子再嫁言论的文献，"一与之齐，终身不改，故夫死不嫁"①。秦代就有以官府名义表彰女子守节的先例，这一表彰之行径后世各朝代也大有众多事例。秦始皇曾于会稽刻石云：饰省宣义，有子而嫁，倍死不贞……妻为逃嫁，子不得母，咸化廉清。其意就是夫死弃子再嫁人的女子，无论死多少次也洗刷不掉其"不贞"的名声。秦始皇还曾为巴邑一位名叫清的早年守寡的女子修筑了怀清台并称之为"贞妇"，这是统治阶级最早为贞妇树碑立传的故事。但秦代的贞节观念还未作为一种国家意识形态被加以倡导，女性也有很多再嫁的案例。到了汉代，随着传统女教的出现，班昭的《女诫》和刘向的《列女传》等范本的流行，上层统治阶级开始以国家的名义鼓励女子守节。西汉汉宣帝于神爵四年，诏赐贞妇顺女帛，以皇帝的名义昭告天下，为我国历史上首次以官方形式鼓励女子的贞节行为。东汉汉安帝"诏赐贞妇有节义谷十斛，甄表门闾，旌显厥行"②，在给贞妇奖励之时还额外赠送颂德牌匾，这成为后来"贞节牌坊"的雏形。汉代虽用官势褒奖贞妇，但社会民间对于贞节却并不十分看重，女人再嫁、男人愿娶的事例也是大有，故汉代可认为是贞节观念由宽泛向严格转变的一个过渡时期，女子的人格还未被礼教严重摧残，同样男子也相对开明。

唐代开创了空前的大盛世，经济、政治、文化都具有相

---

① 郑玄注，陆德明释文：《宋本礼记·二》，国家图书馆出版社2017年版，第156页。

② 范晔撰，李贤等注：《后汉书·孝安帝纪》，中华书局2012年版，第182—183页。

当的包容性，故社会思想也是我国历朝历代中少有的开放状态。对贞节观念唐代不甚注重，因此多有公主再嫁甚至三嫁的事例。除了上层阶级，读书人也不禁止再嫁，比如韩愈的女儿，曾先嫁李氏，后嫁樊宗懿。唐代离婚的案例也非常多。更有甚者，如唐明皇娶了自己的儿子寿王李瑁之妃杨玉环，这不但不注重贞节，而且有违伦理。

宋代是中国学术思想和风俗制度的一个转变时代，社会更加看重传统礼教的内涵。因程朱理学的发展及其一度倡导，女子的贞节理论得到进一步深化。"存天理，灭人欲"不断提醒整个社会特别是女子应当看重贞节观念，这使得宋代对女性贞节的看法不再像唐代那样包容和开放了，宋代即是我国妇女生活的大转变时代。宋之前的贞节观念更多的是着眼于婚后女子的言行，而从宋开始，对女子的贞节还有一个要求便是"男性之处女的嗜好"，由此，对女性的摧残逐渐深入到了不可知的高深程度。

元明两代，为提倡女子贞节观念的极致时期。元朝是北方游牧民族建立的朝代，游牧民族没有当时中国这样的礼教和约束，尚有很多嫡子娶庶母、弟弟娶兄嫂、侄子娶叔母等的例子，后来受中国礼教的影响，逐渐汉化并发生了一系列转变。元代女子之体肤被男子看见了都被认为是污辱，元明善曾作《节妇马氏传》，记载了一位乳房生疮的女子马氏，"吾杨氏寡妇也，宁死，此疾不可男子见；竟死"，这位贞妇马氏病危了，但因担心体肤被男子看见了所以不愿意看病，最后病死了。有病讳医的原因竟是讲贞节，真是令人唏嘘不已。另从元代开始，旌表贞节的行为制度化。《元典章》有规定，民间的女子若在30岁之前死了丈夫，一直坚持守寡到50岁，则由政府对其进行表彰，包括物质和精神奖励。明代是奖励贞节最有力的朝代，明太祖朱元璋曾下诏书，表示民间寡妇在30岁之前亡夫的，50岁以后还不改嫁的，不仅旌表门闾，还会免除本家差役。《二十四史》中的女子要数节烈女子最多的，莫若《明史》了。清朝人修《明史》时发现的节烈传记中，明朝的贞节女性人数超过万人，其中记载的节烈女性超过了300人，而《元史》是187人，《宋史》和《唐书》分别只有55人、54人。可见女性守寡守节的风气在明代曾一度达到了极致。

贞节观念经由明代的奖励和提倡，到了清代变得越发狭义，可以说已成为一种迷宗教化了。清廷的贞节表彰制度起初是效仿明代的，后来又有所变化。清代统治者在入关之前还是鼓励女性再嫁的，然而入关后受到汉族传统礼教的影响，对贞节的要求逐渐严格具体。清廷表彰贞节女性的活动是从顺治元年（1644年）诏准进行的，从顺治九年（1652年）到同治十二年（1873年）的221年间，历朝《实录》所记载显示，共旌表节妇471440人，年平均旌表人数为2133。这个数字比之前朝代所能记载的贞节女性的所有人数之和还要多得多。清廷旌表贞节的女性实际大体分为三项，即节妇、贞女和烈妇。节妇是指丈夫去世不再改嫁，坚持守节的年轻女性。康熙六年（1667年），旌表节妇的规定仿照明朝，只要守节达到20年，就会得到清廷的表彰。雍正元年（1723年），在之前规定的基础上继续补充和完善，考虑到了年龄和去世的问题。故规定女性在守节过程中，年龄介于40—50岁之间的，因天命或其他原因去世的，只要守节达到15年以上，同样能受到清廷表彰。道光四年（1824年），规定将守节受表彰的年限缩短到了10年。同治七年（1868年），继续将受表彰的年限缩短为6年。贞女是指未婚守节，在丈夫死后坚持不嫁人的女性。贞女守节的年限与节妇相同。乾隆时期有规定，无论贞女是在自己家中还是婆家中坚持守节的，在守节中去世，可以给予表彰。烈妇是指在丈夫去世时殉情而死，或者拒奸而死的女性。在清代主流的价值观中，女性的贞洁是放在首位的，女性在受到男性的强暴之时首先考虑的居然是受害人的贞洁是否已遭到破坏。如果失贞，即使女性本人坚持反抗至死，这也算作是污点，不可进旌表名单。总之，贞节观念在清代差不多成了宗教，夫死守节尚且可以理解，但未嫁夫死也要守节，偶尔被男子调戏就要寻死，这确实匪夷所思。贞节观念宗教化最无理的表现，莫过于未嫁尽节和室女守志了。女性的幸福权利和个人生命遭到漠视和践踏。这种女性守节的思想经过多个朝代的延续和演变，逐渐变成中国传统礼教约定俗成的内涵和形式，成为古代女子的精神信念和行为准则。

（二）生理摧残的盛行

除了精神控制，古代对女性的压迫还有身体上的摧残，这主要表现为溺女婴和缠足两个方面。所谓溺女婴就是若妇人所生孩儿为女性，则家人会将新生女婴溺死在水盆中，或者用胎盘胞衣蒙首使其窒息而死，或直接将其抛弃路边河边，任其自生自灭。《西霞文钞·与福清令重彝书》曾有记载："凡胎胞初下，率举以两手审视。女也，则以一手复而置于盆，问存否？曰不存，即坐索水，曳儿首倒入之。"也有"以酒醋入婴儿口，以胞衣蒙之，复以盆，置于地……有掩以泄土，逾时为犬豕争剥，身首碎离，暴露郊野者"。溺女婴的原因虽有众多，但更多的是由"男尊女卑、重男轻女"思想造成的恶果。生女孩是"弄瓦之喜"，而生儿子却是"弄璋之喜"，男女地位大不相同。古代社会大都重视"香火相传""香火延续"，无后为大，所以都期盼生儿子来继承家业。溺女婴的行为从先秦到明清时期都存在，愈到后期愈严重。史载在明清时期女婴被抛弃或溺死的事较为普遍。

据众多学者考证，缠足应起源于南唐时期，后经宋元明，到了清代却成了被崇拜的一种怪癖，可想而知生活在清代的大多女子毫无健全身体和独立人格可言。起因主要是处女嗜好的促进、社会审美的要求、两性隔离制度、宋明理学的推动，等等。所谓缠足，具体说来就是在女孩儿四五岁之时，其家人用白棉布将女孩儿的双脚缠裹，令其脚拇趾以外的四趾紧裹于足底，日复一日，到其脚趾弯曲只能靠脚端的大拇指行走，算是完成。

最初在南唐时期，缠足是源于李后主的一位妃子，其将脚缠成新月状并用五彩丝带金莲跳舞，绝艳动人，引起了宫廷的轰动，故而成为当时的流行时尚，很多女子纷纷效仿。

到了北宋，这种社会风气逐渐在民间蔓延开来。至南宋末年，时人多以小脚为好看。"福建漳州女子皆小足，朱文公守漳时，立法令之缠足极小，使不良于行，藉革其淫俗，故成为今日之现象也。"[1]据传朱熹在福建为官的时候，曾下令让其管辖地区的女子缠足。可见南宋的女性缠足还受到了官方推崇，导致社会上女性缠足的范围更广。元代，当时很多男性竟以玩弄女子小脚为乐，还有拿妓鞋行酒的，变成一种怪癖。缠足日趋繁多，但当时缠足是高贵地位的象征，贫民中缠足的女性并不多。明朝亦然，有进无退。到了清代，满洲女子一向是不缠足的，康熙曾经下令禁止缠足，但几年之后王熙奏免其禁，禁止缠足的规定又遭到废止。于是民间又公然裹小脚，入关的满洲女子也践行效仿，虽然乾隆也曾屡次降旨严责旗女的缠足行径，但汉人依然淡定缠足自若，旗女又崇拜效仿，故缠足的社会风气只进不退。

（三）制度律法的固化

一般认为，我国传统社会中的女子是没有资格享有独立财产所有权和财产继承权的。这也是传统宗法制度历来看重宗族的延续，奉行男尊女卑、三纲五常的原则导致的。《礼记·内则》就规定："子女无私货，无私畜，无私器，不敢私假，不敢私与。"[2]一旦其行为违犯该项规定，则被视为"盗窃"，丈夫则有理由休妻。如果丈夫去世，则由儿子继承家

---

[1] 胡朴安：《中华全国风俗志》，上海科学技术文献出版社2011年版，第232页。

[2] 郑玄注，陆德明释文：《宋本礼记·二》，国家图书馆出版社2017年版，第171页。

产，若儿子尚且年幼，则由母亲暂为代管，但无权处分。实际上在绝大多数情况下，财产的继承分配资格只有男性成员才可以拥有，就算是王公贵族的女子，也是要受到约束的，没有权利擅自动用家里的财产。

有一种情况，当家里户绝之时，也就是家中再无男性继承人的前提下，这时候可由女子继承。唐宋明时期都有此相关规定，唐代开成元年（836年）敕节文中规定："自今后，如百姓及诸色人死绝、无男，空有女已出嫁者，令女合得资产。"《宋刑统·户婚律》规定："出嫁女者，三分给与一分。"《大明会典》规定"凡户绝财产，果无同宗应继之者，所生亲女承分，无女者入官"，且"妇人夫亡无子守志者，合承夫分，须凭族长择昭穆之子继嗣"。到了清代，《大清律例》基本延续了前朝律法的规定。关于户绝之后女子可以继承财产这项规定的更多情况是，如果真的出现户绝的状态，那便从同宗亲属中选择适宜的晚辈作为未来的继承者，所以女子这种相对的、受到严格控制的财产继承权依然很难实现。一般而言，寡妇不能进行财产分配，否则会视为犯罪，若要再嫁则不能带走之前家庭的财产。所以，在古代社会的现实运作中，其实"户绝"状态几乎没有。

除了财产分配制度和继承制度对女子极其不公平之外，更有甚者为婚姻家庭制度。在古代的婚姻家庭中，丈夫有休妻和娶妾的权利，而妻子则一生只能侍奉一个丈夫，甚至丈夫去世了，女子还要守节。就中国各朝代中最为开放和包容的唐朝而言，其《唐朝疏议》规定了女子若是殴打丈夫、告发丈夫以及在丈夫去世丧期未够时就改嫁都要被处以最严厉的刑罚。而反过来，如果丈夫殴打妻子，其处罚力度要比普通伤人案轻两个级别，如果打的是妾，处罚力度再轻两个级别。由此可见，女子在婚姻家庭中的地位相对男子来说低太多，未能得到制度法律公正的保护。

特别是到了清代，其婚姻制度更为系统和繁琐，且在满族入关之前上层对其子女和属下子女的婚嫁控制非常严格，十分重视利用婚姻与周边诸部缔结联盟关系，同时还以婚姻作为笼络各色投奔人员人心的一种重要手段。入关以后这种做法不仅没有更改，且发展成为巩固满族统治、对上层婚姻产生重大影响的八旗内部遴选秀女的制度，以及专为皇族子孙和蒙古等贵族实施的指婚制度。清代的选秀女制度始于顺治年间，其范围限于八旗内部，每三年选阅一次。八旗女子13虚岁则"及岁"，可以参加选阅（实际也有11、12岁就被点选秀女的），17岁便"逾岁"，不用参加了。对于这些八旗女子来说，父母只有等她过了"逾岁"之年，须经皇帝开恩允许，才可自主谈婚论嫁。有关选秀女的规定，后来又不断地进行调整，比如选阅的范围逐渐缩小，逐步排除后族近支参与选阅，选阅的家庭仅限于京师周边地区和具有相当品级的官员。对选阅地区和家庭身份的限定，开始于乾隆年间。这种选阅范围的缩小与八旗人口迅速增长以及可备挑选秀女的余地大大增加有直接的关系，而且每三年一次的选秀女要耗费巨大的人力物力财力，适当减小规模不会影响选阅的进程和质量。女子一旦被选中，对家族来说是莫大的荣耀。然而对女子个人而言，是五味杂陈、极其复杂的矛盾心理。召选入宫是统治者出于满足少数人的需要，亦或是女子的家族使命，不得不而为之，但其个人的婚配权却被剥夺、延误了，毫无婚姻自由可言。与选秀女制度相互配合、并行不悖的还有指婚制度，很多宗室王公的婚姻多数是经过皇帝指婚确定的。

清朝对聘婚仪规有明文规定，按照当时法律，男女聘婚必须由双方家长出面主持，私定终身被视为无效，且被认为是目无尊长、有违伦常，若是被外人告到官府，双方父母也要受到惩处。男女确定夫妻关系，必须要经过"六礼"，即纳采、问名、纳吉、纳征、请期和亲迎，一般以男方为主，女方回应。接下来还要经过合卺、见舅姑于堂，三日后面见祖祢等程序，这时在礼规上是融合于夫家了。一旦聘定之后，虽还不是正式夫妻，但在婚姻归属上已是确定的了。聘定后若男方去世的，因聘妻身份已有归属，夫妻名分已定，女子还是要守节的。然而男子在聘妻去世后却可以再聘再婚，并且不会受到道德谴责，两方的差异如此巨大实在是对女性不公。清代婚姻制度在前朝的基础上延续和具化，其间有少许人士对婚姻制度质疑和不满，虽然力量微薄，但也起到了一定的积极作用。

（四）女性观的异化现象

在传统中国社会以"男尊女卑、重男轻女"为主流价值观的文化背景下，还出现了一批启蒙思想家，他们发出了一些异样的呼声。尤其是在明末清初时期，这些启蒙思想家们时常关注女性的悲苦生活，表达出对现实社会中存在的"男尊女卑"以及男女不平等现象的强烈不满。虽然未能给社会观念带来巨大的改变，但对后世的启蒙思想家们有诸多的借鉴意义。比较有代表性的有李贽、唐甄、俞正燮、颜元、李汝珍等。

启蒙思想家主要从两个方面对"男尊女卑"现象进行批判，一方面他们批判男尊女卑的理论基础，肯定妇女在人伦关系中处于极其重要的地位。并驳斥女子不如男子的偏见，宣称男女智力相等；另一方面，他们提出一些主张如反对纳妾，倡导一夫一妻制。反对女性片面守贞守志，赞成女性改嫁。同时还驳斥残害女性身体的行为，反对女性缠足。

启蒙思想家们为了凸显女性的社会地位，对五伦顺序进行了重新审视。李贽的观点跟程朱理学是有很多冲突的，在著作《初潭集》中他重新确立了五伦顺序，认为夫妻关系作为人伦关系中的最重要部分，而且也是家庭生活中联系最紧密的关系，应位于五伦顺序之首。更重要的是，李贽认为世间万物不存在绝对的"一"和"理"，强调阴阳二气形成的平等性，还引用乾坤平等的原始《易经》证明男女的作用和地位是同样重要的。在提倡"贤妇"的同时也提倡"贤夫"，要求夫妻都要做到"贤"，说明在李贽的观念中，对男女平等有了最初的认知和肯定。他还进一步驳斥了女子不如男子的偏见，在《初潭集》中归纳总结了几十个女性的杰出事迹。他承认，由于传统社会女子被困守在闺阁之中，不像男子一样可以迈出家门增长见识，这使得很多女性的认知远逊于男性，但这种原因不是由于男女的智力造成的，而是思想和行为受束缚造成的。如果没有这些外在内在的约束，女性享有同等的权利，则不会差于男性。

与李贽的观念相类似，唐甄根据自然原理提出了男女平等的观念。"天地之道故平，平则万物各得其所。及其不平也，此厚则彼薄，此乐则彼忧。"[1]世间万物需要一种平衡，不平就会倾斜。而这种平衡恰需要一种平等的规律和性质，只有平等了，才能处理好事物之间的关系。由此，得出"人之生也，无不同也"[2]，"父母，一也；父之父母，母之父母，亦一也；男女，一也；男之子，女之子，亦一也"[3]。所以父与母、男与女之间是相同的、平等的，他反对只有男子才能继嗣续的宗法制度。从平等的观念出发，唐甄认为夫妻之间也应当是平等的。夫妻之间的关系不但涉及家庭的和睦，还影响到社会和国家的存亡。"夫不下于妻，是谓夫亢；夫亢，则门内不和，家道不成。施于国，则国必亡；施于家，则家必丧。"[4]可见，只有家和才能促进社会的和谐。

俞正燮和李汝珍更多地关注于一夫一妻多妾制对女性的摧残，从而反对纳妾，主张一夫一妻制。俞正燮在《妒非女人恶德论》中认为女性的妒是事出有因，多是由于男子多妾造成的，所以不应该将女性的"妒"一律视为恶德。男子合

① 唐甄:《大命》,载《潜书》,中华书局1963年版,第97页。
② 唐甄:《大命》,载《潜书》,中华书局1963年版,第97页。
③ 唐甄:《备孝》,载《潜书》,中华书局1963年版,第74页。
④ 唐甄:《内伦》,载《潜书》,中华书局1963年版,第77页。

理娶妾是在妻子无子的情况下，而且要有相应的规范，比如需要40岁以上的条件，等等。如此才会尽可能减少"妒妇"的出现，而且也较易维持家庭及社会的和谐稳定。李汝珍是在长篇著作《镜花缘》中以文学的手法讲述了妒妇的故事，从而表达其男女平等且男子不宜纳妾的思想，读起来生动有趣，也很有进步意义。

在反对女性守节、赞成女子改嫁这一方面，启蒙思想家们的笔墨更为浓重。李贽强烈反对很多理学家所谓的"饿死事极小，失节事极大"的谬论，谴责不许寡妇再嫁的言论。不仅反对女性守节、守志的"吃人"礼教，还对道学家提倡节烈的虚伪性进行了揭露。俞正燮则十分犀利地指出封建礼教单方面要求女性守节是不合理的。他认为男女并没有遵循同样的标准，若反对女子再嫁，那也应该同样要求男子"无再娶之仪"，"终身不改身，则男女同也"。对于灭绝人性的室女守志、殉死等事实，俞正燮认为其极不人道，"其义实有难安"。尤其以为只受过聘还并未成婚的女子更不应为未婚夫守贞。在反对女性缠足上，启蒙思想家们几乎都持相同观点，他们大多从审美的观念和人道主义精神出发，反对女子缠足，抨击在男性本位的社会里女性沦为其可怜的附属物，她们受尽了恶俗对自身的种种摧残。

近代男女平等思想的产生大抵是从明末清初开始的，有一个相当长的孕育和发展阶段。到了晚清，西方女权思想的传入、传教士的东来、太平天国运动以及早期维新人士的宣传都在一定程度上起到了除旧布新的作用，从而开启了女性逐步受启蒙的过程。

二、西方女权思想的传入

（一）西方男女平等思想

清末民初关于女权问题的探究在很大程度上受到了西方女权思想的影响，西方女权思想经历了长时间的发展历程，最早可以追溯到法国的浦兰·德·拉巴尔于1673年发表的《论两性平等》，其在文中提出了性别平等的论点。[1]在女性主义思潮的发展过程中，英国的玛丽·沃斯通克拉夫特的《女权辩护》、法国的奥琳帕·德·古日的《妇女权利宣言》、约翰·斯图亚特·穆勒的《妇女的屈从地位》、哈里雅特·泰勒的《妇女的选举权》对西方女权运动的影响尤大。

欧洲近代启蒙思想家提出了人权观念，当时很盛行"在权利方面，人们生来是而且始终是自由平等的"这一口号，在此基础上形成了男女平等的思想。在众多杰出的启蒙思想家的观点中可以分为两派：一派以若古和孟德斯鸠为代表，主张男女两性天然平等；另一派以狄德罗和卢梭为代表，主张两性生而有别，但在性别差异上平等。卢梭认为自然本身就有等级，男女生而就是不平等的，因此女性就应该在家相夫教子。这两派虽都承认女性是人类的一员，但是反对男女平权，他们要求的女性解放实际是为男性利益服务的"解放

---

[1] 闵冬潮：《国际妇女运动：1789—1989》，河南人民出版社1991年版，第2—5页。

女性"。在当时西方的人权观念中，往往并不包括女性、有色人种等。在西方哲学的传统观点中，女性并不是哲学意义上完整的人，她们是感情动物，缺乏理性，只能依附于男人而存在，甚至并不能成为哲学研究的对象。而在法国大革命之后颁布的资产阶级法律，赋予了公民平等的公民权利和政治权利，但此处所提及的公民也并未包括女性。

1792年，《女权辩护》出版了。在这本书中，作者沃斯通克拉夫特批判了卢梭、格里雷戈等人歧视女性的观点。她认为女性和男性天生除了在体格方面有差距，在智力、能力等其他方面是没有区别的，男女之间的差异是受传统和教育即后天的因素造就的。她还提倡女性有与男子接受同样教育的权利，并且还委婉地提出了女性政治选举权的问题，"妇女是应该推选国会代表的，不应该使她们只受专横的统治而没有享受任何被允许直接参加政府审议的权利"[①]。此外，她还提出女性具有经济独立权、职业均等权等权利，认为只有男女平权才能更好地促进人类文明的进步，大大提高了女权思想的高度。虽然受限于工业革命初期社会政治经济变革尚未铺开的影响，沃斯通克拉夫特的这些主张未能被社会广泛接受。但不可否认，她的思想在当时极为先进，以至有人认为"她的许多调查和直观，虽经过了一个世纪，到了现在，还没有特别修正的必要"[②]。

---

① [英]玛丽·沃斯通克拉夫特：《女权辩护》，王蓁译，商务印书馆1995年版，第189页。

② 东方杂志社编印：《妇女运动》(上)，东方文库72种，商务印书馆1923年版，第5页。

　　后来法国思想家孔多塞又以男女平权理论使之系统和成熟。他的一篇名叫《妇女应享有公民权》的文章在当时反响颇大，文章中孔多塞提出应给予女性各种政治权利，并倡导男女两性混合教育的办法。同时，他还利用议员的资格为女性争取公民权，为男女平权做出了诸多努力。到19世纪，欧洲空想社会主义者、无政府主义者以及自由资产阶级知识分子继续丰富和发展男女平权思想。如当时影响颇大的约翰·斯图亚特·穆勒的《论妇女的从属地位》一书，其中反驳了种种约束女性的思想和道德观念，认为女性在法律和事实面前，以及在政治权利和社会权利中均应该享受到平等的权利。针对女性获取平等权利是"不自然的"的观点，穆勒认为并非存在着绝对的不自然现象，这种不自然的状况可以发生相应的改变进而达到自然的结果。一个很经典的例子就是古希腊的斯巴达，当时女性可以参加体育训练以及参加战争，女性通过自己的实际行动证明了其是可以和男性共同承担同样的社会责任的。所以女性获得平等权利是"不自然的"这种观点显然不能自圆其说。自然或者不自然的状态往往是源自习惯以及观念的认知。穆勒还认为当时存在着的男性对女性的统治，主要是因为强权的效果，并且这种统治之中体现出非正义以及权力统治的内在特点，其实现的手段均是采用剥削的方式来达到权力统治的效果。男性常常会按照自己的愿望、要求和理想去规范和塑造女性，女性地位卑微的现象体现在社会观念、道德思想以及法律政策之中。站在功利主义和自由主义的角度立场，他认为女性最合适的工作并非成为主妇，因为女性从一开始除了选择成为主妇就没有选择权。在当下，即使女性有权利选择其他工作，还是有人会把女性成为主妇作为最优职业或是最优的第二职业。而这意味着，男性对女性价值的最大化剥削。"预先确定某些人不适合干某些事情，就是超越了权威的适当界限"①，穆勒认为应该把最需要女性的事情分配给她们，因为最需要的就是最适合的，这样才能以最强烈的刺激使她们去做。自19世纪中叶以来，社会现象已经反映出女性的服从并非出自本愿，很多女性在积极地抵抗，并渴望要求获取平等的权利。女性并不是生而地位低下的，婚姻法不应成为束缚女性的工具。很重要的是，女性地位的改变将令社会取得长足的发展。穆勒站在资产阶级民主主义的角度，抨击当时的政治和社会制度，为女性所处的不平等地位大声疾呼，要求归还女性平等受教育、工作及选择等权利。该书与同时代的诸多女权思想、主张一起共同影响着西方女权主义的道路进程，最终形成女权主义理论，成为女性解放运动的有力武器。这些思想和书籍经由传教士的宣传，给中国近代男女平等思想的发展以及女权思想的产生带来了直接的影响。

（二）传教士的启蒙

自鸦片战争后，清政府被迫允许侵入国在通商口岸传教，故大批西方传教士来到中国。在他们向中国人传递上帝福音

---

① [英]约翰·斯图亚特·穆勒：《论妇女的从属地位》，汪溪译，商务印书馆1996年版，第66页。

的同时，也不同程度地传播了宗教中的男女平等思想。近代来华的基督教派秉承着自由、平等、博爱等思想，从"上帝造人，男女平等，乃自然之正理"的基督教教义出发，对中国由来已久的男尊女卑的不平等状况进行抨击，并组织实践禁缠足、兴女学等方面的活动。受西方传教士的介绍与影响，"新教徒中，很多人明确信奉男女平等的原则，而且决心投入一场十字军运动，以争取中国妇女的平等权利"[①]。

　　西方传教士带来的基督教，乃是西方资产阶级意识形态的缩影。自西方启蒙运动以来，基督教的教义发生了很大的变化。早期基督教教义有明显歧视女性的观点，认为女人乃是为男人而造，女人是人类罪恶的根源。而在新教义中，女性被认为是和男性一样乃上帝创造的完美之物，"上帝创造女人之时，与男人一体完全粹美……"[②]西方传教士以上帝的名义对女性地位的提升，显然有别于当时中国还流行的男尊女卑观念，"女人为家之本，故论一国之教化，必观其女人之地位，以定其教化之等级，西方文明教化之国，其待女人皆平等，东方半教化之国，其待女人皆不平等，若在未教化人中，则其待女人，直与奴仆牲畜无异矣！中华为东方有教化之大国，乃一观其看待女人之情形，即可明证其为何等教化之国矣！不释放女人，即为教化不美之见端，永远幽闭女人，亦

　　[①]［美］费正清编，中国社会科学院历史研究所编译室译：《剑桥中国晚清史（1800—1911）》上卷，中国社会科学出版社1985年版，第643页。

　　[②]［德］花之安：《自西徂东》（近代文献丛刊），上海书店出版社2002年版，第397页。

即为教化永远不长之见端也"①。在传教士看来，这从一个侧面印证了中国接受基督教的必要。

来华传教士主要通过两种方式传输他们的男女平等思想。其一，传统的传教方式，即在教堂宣讲基督教教义之时，向国人灌输基督教的男女平等思想；其二，传教士通过撰写著作、出版报纸来宣传其男女平等观念。如林乐知花费三年时间编著的《全地五大洲女俗通考》是传播西方妇女观念的专门性著作，花之安的《自西徂东》涉及了对女性问题和女性观念的一些探讨，新教教会办的《万国公报》《北华捷报》《字林西报》等也发表了多篇讨论女性问题的文章，而在这些文字中都有涉及基督教的男女平等思想。就涵括的内容而言，一方面传教士对女性守贞、男子纳妾、父母包办婚姻和随意休妻等婚姻陋俗进行了批判，鼓励倡导男女平等的婚姻观。比如花之安在著作中反对女子以死殉节，赞成寡妇再嫁。林之安在书中说道："考新教中人，创复夫妇同节之说，有二意焉，男女平等，当无轻重厚薄之殊……如能一夫一妇，同心偕老，家室之福乐孔多，男女之德行日长，不但及身有益，即后日之盼望，亦无穷矣！"②同时，他们认为纳妾和随便休妻都会使家庭不和，不利于修身齐家，有悖基督教教义，传教士反对一夫一妻多妾制度，倡导新教确立的一夫一妻婚姻制度。"考其所以定例之由，有三大宗旨：一人生自然之理，

①［美］林乐知：《论中国变法之本务（节录）》，《万国公报》光绪二十九年正月号。

②［美］林乐知：《论欧洲古今女人地位》，《万国公报》光绪三十年九月号、十月号。

以为一夫一妇，理当如此。二夫妇一心好合，可以保全贞节。三夫妇之道既正，可望人伦之永敦。"①一夫一妻才是人类社会最好的选择。另"中国婚嫁全凭父母主持，又每多出童年定聘，而男女两人素不谋面，难免家道之乖者。"②传教士还对包办婚姻进行了批判，认为其是造成中国婚制弊端的罪魁祸首。可见基督教所宣扬的贞节观念、反对纳妾、反对包办婚姻、主张一夫一妻制度等等皆透露出男女平等的思想。

另一方面，他们对女性缠足、溺女婴等残害女性人身权的行为进行了抨击。来华传教士采用散发传单、小册子以及利用教会办的报纸杂志等方式进行反缠足的舆论宣传。仅《万国公报》上就刊登了《劝戒足缠》《卫足论》《去恶俗说》《缠足两说》等一系列反缠足文章，痛陈了缠足对中国众多女性不止是生理迫害，更有精神上、智力上、心理上极大的伤害和麻痹。除此之外，传教士用遗传学的理论说明妇女因缠足会导致身体衰弱、脑子萎缩、胆量怯弱，从而很可能会造成下一代的身体单薄和体力低下，如此缠足不仅违背平等自由的原则，还直接和国家的强弱息息相关。蔑视女性的国家，其国必败，比如亚洲诸多国家；而重视女性的国家，其国必强，如欧美各国就是这般。总之，缠足便是"违天意、蔑古制、招痼疾、戕生命、妨生计、废人伦和坏心术"③。

---

① [美]林乐知：《论欧洲古今女人地位》，《女俗通考》第六集，《万国公报》光绪三十年九月号、十月号。

② [德]花之安：《自西徂东·礼第十·齐家在修身》卷749（1883年7月21日），第15本，第10074页。

③《缠足两说》，《万国公报》光绪二十五年十一月号。

除了教堂宣讲和舆论宣传之外，传教士还在实践行动上倡导男女平等，对中国近代女权思想的产生起了积极的推动作用。从19世纪40年代开始，传教士就在中国积极开展兴办女学的尝试。1844年，英国传教士阿尔德茜在宁波创办了近代中国最早的教会女子学校，随后又有一批基督教女子学校在华设立，据统计，截至1877年基督教在华设立女日校82所，女寄宿学校29所，共招收女学生2101人。[1]在这些女学校中，美国基督教监理会1890年（光绪十六年）在上海创办的中西女塾最为著名。该校规制仿效中西书院，以期"由沪上推之行省，以及乎四海九洲"。在中国近代教育史上，中西女塾贡献卓越，对中国近代女权思想的发展有积极的影响。

教会女校一般开设宗教、自然科学常识、中国传统经书三类课程，具体可涵盖圣经、算术、地理、历史等课程，其中1844年创立的宁波女塾还开设有缝纫、刺绣等课程。教会女校发展较为缓慢，但它有力地冲击了传统中国"女子无才便是德"的价值观和男尊女卑的性别歧视，为中国女子接受正式教育开启了先河。资产阶级的自由、平等、博爱等思想在女塾教育过程中予以灌输，起到了对近代中国女性的启蒙作用，培养了一些女性人才，对社会思想的转变和女权思想的发展产生了积极影响。

（三）《女权篇》等译作的影响

19世纪末20世纪初，西方的各种思想、学说纷纷传入国

---

[1] 陈学恂：《中国近代教育大事记》，上海教育出版社1981年版，第4—27页。

内，这些思想学说经由著名思想家、翻译家推介，逐渐在国内掀起一阵热潮。其中就包括女权学说，在翻译和介绍女权思想这方面的人物当中，有一人不可忽视，那便是马君武。

马君武是中国近代著名翻译家、文学家，是近代资产阶级革命的重要人物，是最早翻译西方女权著作的学者之一。他早年赴日本留学在那目睹了当时留日的中国学生积极地宣传反清革命。当时受到正在兴起的资产阶级革命思想和女权思想的影响，留日学生也创办了《江苏》《浙江潮》等杂志，并开辟女学论文专栏，呼吁女性觉醒以参与共同救亡。受此感染，马君武于1902年翻译了英国社会学家斯宾塞的《女权篇》，同时还介绍了《达尔文物竞篇》，合并为《斯宾塞女权篇达尔文物竞篇合刻》出版。作为中国第一本关于西方女权思想的译著，马君武把斯宾塞依托于"天赋人权"观念和进化论而阐述的女权思想予以介绍，首次把西方关于女权的思想和观念引入中国，极大地震撼了当时晚清趋于腐朽僵化的社会，使一批进步人士耳目一新，为后期学说的传播奠定了良好基础。

1903年，马君武在《弥勒约翰之学说》一文中介绍约翰·穆勒的"自由说"延伸到专制主义与自由的关系，进而又深入讨论"天赋人权"与女权的问题。马君武十分欣赏穆勒，不仅对穆勒的女权说表示认可，更极其认同他利用其议员身份而提出男女平权法案的实际行动。需提及的是，当时马君武的女权思想在其关于社会主义运动的描述中也得到了体现。他提到，"近年以来，社会主义日益光明，社会党之势力日益盛大。社会主义者以男女同权为其主义之一大原理，而社会党人者即实行男女同权论之人也"①。其后，马君武又介绍了第二国际于1891年10月在德国爱尔福特通过的《女权宣言书》，内容重点论述了社会党人所主张的女性应享有教育权、经济权、政治权等各种权利。马君武总结认为"凡一国而为专制之国也，其国中之一家亦必专制焉……人民为君主之奴仆，女人为男人之奴仆，则其国为无人，无人之国不国也；苟欲国之，必自革命始，必自革命以致其国中之人，若男人，若女人，皆有同等之公权始"②。可见，此时的马君武已然关注到社会主义提倡的男女同权和自由民主的观念，并希望其能够适用于当时中国反专制的革命需要。

有一点需注意，据考证，若追溯"女权"说在中国的最初传播，并非马君武对斯宾塞《女权篇》的介绍，而是在1900年6月于《清议报》上发表的《论女权之渐盛》一文，其作者是日本人石川半山。该文首次向中国介绍了西方女权之来源以及女性争取经济权、参政权的重要性，并预言"男女之竞争，创于十九周年（世纪）……实为二十周年一大关键也"。当时此文并未在中国引起较大注意，虽然以后其他报纸转载过此文，但已是在斯宾塞《女权篇》发行后一年。这表明当时的思想界是先受到《女权篇》的启发，开始关注女权学说，重新找回了石川半山的文章来推广。可以肯定，马

---

① 《马君武先生文集》，台北中国国民党中央委员会党史委员会1984年版，第45页。

② 马君武：《弥勒约翰之学说》，载姜德铭主编《中国现代名家名作文库·马君武卷》，中国戏剧出版社2001年版，第177页。

君武于1902年至1903年期间对一系列西方女权学说的翻译介绍，引起了国人的关注。当时盛行一时的《女子世界》杂志颇为形象地描述道："弥勒·约翰，斯宾塞尔'天赋人权'，'男女平等'之学说，既风驰云涌于欧西，今乃挟其潮流，经太平洋汩汩而来，西方新空气，行将渗漏于我女子世界，灌溉自由苗，培泽爱之花。"①从那时起，思想界较多地用"男女平权"和"女权"等词，逐渐代替"男女平等"的字眼，直至更加注重女权，喊出"女权万岁"的口号，实质是随着时代的发展，愈来愈强调女性应享有其应有的权利。由此，从马君武开始，西方女权学说越来越多地被传播到中国，这对中国传统的男尊女卑观念造成了很大的冲击，中西方不同的思想和观念在汇聚时刻开始产生了某种程度的融合以及激烈的碰撞。

三、中西方文化的碰撞

（一）早期维新派关于女性问题的思考

在西方女权思想学说传入中国以前，现实社会中一直都存在着与当时男尊女卑主流观念异样的声音，只是这些声音过于微弱，对社会根深蒂固的重男轻女观念产生不了多大的影响。自明末清初以来，这些要求"男女平等"的呼声越来

---

① 张枬、王忍之编：《辛亥革命前十年间时论选集》第1卷，生活·读书·新知三联书店1960年版，第931页。

越多，到了19世纪70年代至90年代，中国思想界出现了一批要求广泛向西方学习的开明知识分子，他们便是早期维新派知识分子。

早期维新派的知识分子其出身、经历不尽相同，政治见解亦有差异，但在中国动荡不安的时局之下，他们有着共同的政治倾向，希望可以学习西方先进的知识、技术来探求救国救民之路。在关注器物层面改革的同时，他们也关注女性问题。早期维新派中的不少人都直接或间接地从事洋务运动，接触外国人，他们较先感受到西方的男女平等观念。

早期维新派抨击传统礼教，主张男女并重。他们对"三纲"进行了揭露和批判："君臣不言义而言纲，则君可以无罪而杀其臣，而直言敢谏之风绝矣。父子不言亲而言纲，则父可以无罪而杀其子，而克谐允诺之风绝矣。夫妇不言爱而言纲，则夫可以无罪而杀其妇，而伉俪相庄之风绝矣。"[1]在此基础上，他们反对传统的婚姻制度，主张婚姻自主和一夫一妻制。一方面，他们不认同"父母之命""媒妁之言"的传统婚姻观，认为"一衣一器、一仆一婢或必使自择焉"，而"夫妇为终身相依之人，苟两不适，永无生趣，视衣、器、仆婢何可同年语，乃至不使自择。致贤明之女每遭残虐之夫，仁孝之男恒得悍忍之妇，男或可离，女必惨死。即夫妇均善，而志趣或异，家道之苦亦难名言。耳闻目见，岂胜痛哭"[2]！

---

① 何启、胡礼垣：《新政真诠》，辽宁出版社1994年版，第353页。
② 宋恕：《六字课斋津谈·政要类第九》，载《宋恕集》上册，中华书局1993年版，第74页。

夫妻俩若是一方非善类，另一方则会受累，特别是女性尤为痛苦。即使双方都是善类，然性情志趣不合，婚姻也是不幸福的。可见，早期维新派已经意识到婚姻不自主带来的伤害。故在此基础上，他们认为男女均有权离婚并向女性倾斜，还提议"永停旌表夫亡守志贞女、节妇，夫亡自尽烈女、妇例，并除再适妇女不行封赠例"[①]。如此一来，丧夫和离婚的女性较之以往易于改嫁了，可以重新找寻属于她们的幸福。

另一方面，早期维新派在反对婚姻不自主的前提下，主张实行一夫一妻制。其代表人物王韬就对传统的一夫多妻制（其实是一夫一妻多妾制）进行了尖锐的批判，他认为自古以来中国的一夫多妻制盛行不衰，"自天子以至于士，正嫡而外，无不有陪贰。爵位愈崇，妾媵愈众……极欲穷奢，不可致诘……"[②]，然而"治国、平天下，而必本之于修身、齐家，此盖以身作则，实有见夫平治之端必自齐家始。欲家之齐，则妇惟一夫，夫惟一妇，所谓夫夫妇妇而家道正矣。天之道一阴而一阳，人之道一男而一女"。在王韬看来，一夫一妻才是正道，而一夫多妻制则会造成家庭失和，一旦家庭不和谐，那整个社会、国家也不会太平。因此，要想齐家、治国、平天下，就必须"先自一夫一妇始"。"一夫一妇，实天之经也，地之义也。无论贫富，悉当如是。"[③]

除了反对传统婚姻观，早期维新派还反对对女性生理的

①　宋恕：《六字课斋卑议·变通篇·婚嫁章第三十》，载《宋恕集》上册，中华书局1993年版，第33页。

②　王韬：《原人》，载《弢园文录外编》，中州古籍出版社1998年版，第41页。

③　王韬：《原人》，载《弢园文录外编》，中州古籍出版社1998年版，第42页。

迫害。比如反对溺杀女婴，反对女性缠足等。郑观应就曾痛斥"溺女一事，罪孽甚大"，"溺女之风，近世各直省所在多有，相习成风……此天下古今第一痛心事"①。说明溺女在当时社会是个较为普遍的现象。郑观应同样深恶痛绝"酷虐残忍，殆无人理"②的缠足现象，不仅极其残忍地摧残了女性，还使得女性在遇到水火盗贼之时很难逃生，往往只能坐以待毙。"人生不幸作女子身，更不幸而为中国女子"③，对于缠足女性的遭遇和困境，郑观应深表同情。更关键的是，他看到了女性缠足是国家衰弱的根源之一，"妇女裹足，则两仪不完；两仪不完，则所生男女必柔弱；男女一柔弱，而万事隳矣"④！于是，郑观应要求政府发布禁缠足的命令，若有违背者，罪其家长，而富贵者也会停止诰封。他还要求女性应把缠足的时间用来学习，如此十年之后，"天下女子之才力聪明，岂果出男子下哉"⑤。此外，早期维新派还主张女性应当和男子一样接受学校教育。

他们的立足点是女性受教育关系到家庭的兴旺和国家的

---

① 郑观应:《劝戒溺女》,《郑观应集》上册,夏东元编,上海人民出版社1982年版,第38页。

② 郑观应:《女教》,《郑观应集》上册,夏东元编,上海人民出版社1982年版,第288页。

③ 郑观应:《女教》,《郑观应集》上册,夏东元编,上海人民出版社1982年版,第288页。

④ 郑观应:《女教》,《郑观应集》上册,夏东元编,上海人民出版社1982年版,第289页。

⑤ 郑观应:《女教》,《郑观应集》上册,夏东元编,上海人民出版社1982年版,第288页。

富强。对一般平民的教育须从孩时抓起，母亲对子女的影响往往比父亲还要大，应重视母教。郑观应就认为"母教之如种花莳果，灌溉栽培，先养其根本"①，母亲若是不知书理，其所生的子女也将不知教育之法。历史上著名的孟母三迁，正是母亲训其子、教其子，孟子才遂成大贤。故"母之教而善，则其子成立也易；母之教而不善，则其子之成立也难"②。中国传统的女性往往被套上"无才为德"的枷锁，不识文字，不谙大义，教子无术，教女无方，绝大多数女子基本只会刺绣女红，这确是可悲可叹。女子不接受教育不仅很难培养出优秀的子女，而且在家庭生活中往往也不会料理钱财，处理不好人情世故，"妇女自少失教，丈夫无内助所累之明证也"③。宋恕认为"人之生也得母气居多，其幼也在母侧居多，故使女人皆读书明理，则人才、风俗必大有转机"④。说明了母亲对子女的启蒙教育至关重要，甚至还影响到国家整体的人才质量和社会风气。中国如"欲富强，必须广育人才；如广育人才，必自蒙养始；蒙养之本，必自母教始；母教之本，必自学校始。推女学之源，国家之兴衰存亡系

① 郑观应：《致居易斋主人论谈女学校书》,《郑观应集》下册,夏东元编,上海人民出版社1982年版,第264页。

② 郑观应：《致居易斋主人论谈女学校书》,《郑观应集》下册,夏东元编,上海人民出版社1982年版,第264页。

③ 郑观应：《致居易斋主人论谈女学校书》,《郑观应集》下册,夏东元编,上海人民出版社1982年版,第264页。

④ 宋恕：《六字课斋卑议·开化章》,《宋恕集》上册,胡珠生编,中华书局1993年版,第136页。

焉”①！由此，早期维新派认为女性是否接受教育是进一步关系到国家的盛衰。

他们在分析西方先进国家实现富强的经验时，点明了人才就是国家富强的根本所在。郑观应指出了中国社会存在的不重视女子教育的现象，认为女子失教乃是造成政治和教化日益衰败的原因之一。而西方为何一步步走向富强？正是在于西方女子可以跟男子一样接受同等教育。"泰西女学与男丁并重。人生八岁，无分男女，皆须入塾，训以读书、识字、算数等事。塾规与男塾略同。"②西方女性即使是平民女子，也有机会接受普及教育。她们可以学习各类专业知识，还可以进入大学深造，将来毕业可以选择自己感兴趣的职业。而这一切对当时中国的女性来说，可谓望尘莫及。陈炽认为女学是富国强兵之计，一个国家要想变富变强，应当人人都能靠自己生活。中国女性占全国四万万人口的一半，若是女性不接受教育，不参加生产活动，即她们全靠别人养活。而这意味着一半人口将安居饱食，无所用心，就一家论之，不仅一半为弃民，而且"夫承其弊，子效其尤，人心日漓，风俗日坏"③。这般下去长此以往，中国怎么能富强起来？"女学

---

① 郑观应：《致居易斋主人论谈女学校书》，《郑观应集》下册，夏东元编，上海人民出版社1982年版，第264页。

② 郑观应：《女教》，《郑观应集》上册，夏东元编，上海人民出版社1982年版，第287页。

③ 陈炽：《妇学》，《陈炽集》，赵树贵等编，中华书局1997年版，第129页。

衰，母教失，愚民多，智民少，如是国之所存者幸矣。"[1]

由此我们得知，西方的学说著作传播到中国后，对一批开明知识分子的思想观念造成了很大的冲击，他们开始"开眼看世界"，积极探寻西方富强崛起的各种经验，渴望能够汲取养分来拯救腐朽衰落的清王朝。这些知识分子已经关注到女子教育事关国家安危、社稷存亡，这是不应忽视的，因此早期维新派提出废缠足、兴女学是当今救国之根本，乃当务之急。由此，在中华大地上开启了兴办女学的热潮，中西合璧的教育理想在这股兴女学的提倡中成为现实。

（二）中西合璧的教育理想

其实早在1844年，英国"东方女子教育促进会"派阿尔德赛女士在宁波就创办了教会女塾，这是基督教在华设立的第一所女校，比中国人自办的女学早半个多世纪。学生免交学费并提供食宿。然而这所女校并未赢得世人的赞许和关注，反而被谣传传教士是借办学校为名诱骗女生……挖女生的眼睛，制鸦片、炼药水……这女校还被诬陷为恐怖的魔窟，学生家长也是担惊受怕，将信将疑。1859年，美国"美以美会"在福州创办毓英女塾，实行寄宿制。这种有违当地习俗的做法使当地居民大为惊恐，民间又出现类似的传闻认为学校是要诱骗女生。于是最初招收到的7名女生，接二连三地逃离，

---

[1] 郑观应:《致居易斋主人论谈女学校书》,《郑观应集》下册,夏东元编,上海人民出版社1982年版,第264页。

最后只剩下1人。[①]

最初的教会女校被莫须有地抹上神秘而恐怖的色彩，明明近在咫尺却不敢轻易靠近。普通的女孩进入教会女校读书学习，都能被同乡视为异类，以至于被疏远，甚至被隔离。这种心理变化印证了，在当时那个年代，任何与男女有别文化观念相抵触的人或事，在众人眼里都会被视为不可理解甚至是不祥之兆。当时中国民众由于自闭的文化环境，自然地会排斥异种族和异文化，甚至抱有敌意。置身于如此特殊文化环境中的传教士，在开办教会女校之初，其"游说"劝学的种种艰难可想而知。教会女校的创办竟然给中国人带来疑虑和惊恐，这是传教士始料不及的。在这些疑虑、困惑、烦恼、惊恐的背后，是中国民众对男女有别的文化观念已植入骨髓，认为理所当然，且认为男子"惟有读书高"，而女子"无才便是德"，是文明停滞不前的表征。

后来，教会女校排除了种种障碍办起来，主要是校方和女学生家长之间互有所求、各得其所的结果。早期教会女校提供免费教育，并向女学生提供补贴，校方对学生家长的要求则是女学生需坚持在校学完所有课程，在此之前不得中途退学。这既减轻了女生作为家庭辅助劳动力的经济责任，也在一定程度上抵制了早婚陋俗。约在19世纪70年代，随着对教会女校的舆论偏见逐渐淡化，校方也就不存在生源不足的担忧了，从教会女校最初在五个通商口岸（广州、厦门、福

---

① Margaret E. Burton: The Education of Women in China, Fleming H. Revell Company, 1911, P26.

州、宁波、上海）试办的情况来看，一般都经历了办学规模由小到大，办学层次逐步提高的过程，很少有维持不下去而被迫停办的情况。求学者源源而来，其中一个很重要的因素是校方将学生组织起来从事力所能及的有偿劳动，比如拣茶叶、制作绣品、纺纱等。教会女校的办学初期，校方对家长的吸引力主要是有限的接济。但这并没有使女校沿着半工半学的道路走下去，而是由免费改为收费，在逐步适应社会环境的过程中由一种慈善行为变为经营行为。

教会女校实行收费制度也是从通商口岸开始的。比如在1888年前后，福州卫理公会女校的学生家长首先支付女孩儿的服装费，接着是书费、小额学费。此前女生上学几乎不花钱，她们的衣服、食物都由校方提供，甚至还能给家里一点补贴。实行收费制度之后，家境不好的女学生就利用假期工作赚钱自给，不再接受学校的资助。从免费到缴费的过程，其实是质的变化。这意味着部分家庭已在家庭支出中列支了女孩儿的教育费用，并认为是值当的。中国传统中家庭历来将教育费用列为家庭大额投资，而且投资的对象仅限于男孩儿。因此当时的家长能为女儿付学费进女校，不仅预示着其家庭生活指标已达中等以上（女校学生的家境一般在男校学生之上），而且家长在对普通教育的投资方面，已将女儿纳入了与儿子同等考虑的范围。这在当时绝对是一大改变和进步。

从教学内容来看，教会女校基本与男校接轨，中西兼有。课程安排一般有圣经、国文、算数、西学（世界史地、天文常识等）等，还有涉及各种人文社科课程和家政方面的训练。①可以说，课程是中西合璧，德智体美劳全面兼采。办学层次较高者，以上海中西女塾为例，坚持西学为主，中学为辅，采用必修和选修结合的教学方法，标榜"中西并重，不宜偏枯"的指导方针，但"如欲专读西文，须由该生父母于入塾前声明。唯圣教书不能不读"，也就是可以选择专读西文，不读中文，但宗教课是必须要上的。必修课主要是英文、算学、格致、圣道，教材中英文本都有。学制是10年，前五年课程较浅，第六年开始英文教授作文、作论，算学是代数，格致是动物学、植物学，第九年学习天文，第十年学习化学。读全考取，给以文凭。校方的这些安排显然是对市场需求的某种适应，反映了一部分通商口岸的居民在适应近代城市生活方式的过程中，对女性价值的关注出现了新的目标，而对礼教规范方面则逐渐淡化。

该学校的选修课则侧重于对学生进行西方生活方式的训练。比如音乐课，可以自由选择钢琴、表情课、舞蹈，这三门课是另当收费的，学成另发文凭。有点类似于现在大学毕业可获得的第二学位。1914年学校还增设美国家政学为选修课，训练内容有美式社交礼仪；美化自己、美化家庭和环境；家宴、聚会时如何招待来客，制作西点，等等。由此，学校用持续十年的严格全面的教育来训练一个女孩儿，将其培养成有某种自立能力，经深造成为专门人才，同时又具备西方

---

① Margaret E. Burton：The Education of Women in China，Fleming H. Revell Company，1911，P75.

式家庭主妇的基本素质的女性。

须知，这些课程的内容已经跳出中国传统家庭的贤妻良母要求，更贴近西方中产阶级家庭主妇的标准，其以全新的标准和方法，在不改变女性人妻人母的社会角色前提下，去塑造一个全新的女性形象。教会女校破除传统女四书、列女传说教的迂腐落后方式，为中国女性提供了获取知识的来源，以获得在社会活动中的自主权。可以说，教会女校的实践为摸索塑造女性新形象提供了有益的示范。

（三）戒缠足运动的尝试

戒缠足对于女性解放来说无疑是一场相当具有革命意义的运动。从缠足到放足再到不缠足，既有女性自我的抗争，更需要文明演进、启蒙思想家的不断推进。若要追根溯源，又可从教会女校说起。

教会女校宣传和实践不缠足活动，是近代中国有组织地反对缠足的开端。据不完全的史料记载，早在19世纪60年代，社会上已有部分女校将不缠足列为招生条件之一。1867年之后，杭州和厦门多所教会女校规定，所有由校方提供衣食的在校女生一律不得缠足。[①]有类似规定的还有教会在北京（1872年）和温州（1874年）等地创办的女校。须知，最初接受不缠足的女孩，大多是为获得教会女校接济衣食不得已而为之的。早期这些为数不多的倡行不缠足行为的女校活动，也不至于给当时的社会秩序带来颠覆，但既然已经打开了缺

---

① 汤清：《中国基督教传教史》，香港道声出版社1987年版，第323—324页。

口，树立起传统规范的对立面来了，那后续的变革也就不远了。

19世纪70年代，倡导不缠足的民间社团逐渐开始涌现，东南沿海通商口岸的城市作为文化接触区域，最先出现规模性的不缠足运动。1874年，在厦门出现了"厦门戒缠足会"，其成员有外国传教士和40多位中国女性。1878年，在杭州的美国长老会曾作出决议，明确表态反对女性缠足。1895年，于上海成立了"天足会"，该会由在上海的十位外籍女性发起，她们的丈夫是在沪的传教士、外交官或商人。这些民间社团公开打出反对缠足的旗帜，在当地可算是开风气之先。其中，天足会影响面较广，该会的主要工作之一就是编印和销售宣传放足、不缠足的通俗读物。1904年，上海天足会发行的书目约有30种，图文并茂的绘图本就有近10种，示谕、文告类6种，通俗读本有10多种。值得关注的是，天足会在灌输缠足的危害之时，将有关放足的上谕和名臣的文告也列为宣传读物的其中一个类别，这预示着在基层宣传放足仍需要借助官方的权威，尽管这类上谕、文告在事实上并不具有令行禁止的实效。从天足会发行的书目可以看出其宣传面较宽，操作性强。选择图、歌并行的形式宣传是为了方便普通老百姓理解、接受信息，而《劝放脚论》这本还分官话本和文理本，这说明对士绅的宣传也是一个重点。

根据天足会1906年年度报告，不缠足的先行者在一些城市已不罕见，城市风气也因此渐呈新气象。在东南的一些城市出现了以不缠足为宗旨的民间社团和聚会：在杭州既有教会系统的天足会，也有华人自设的天足会；在苏州，天足会开始举行定期活动，每月中旬在大户人家有华人聚会，参加的女性为数不少。在江南古城，素以温柔、端庄、守礼著称的闺阁女子充当了不缠足的先行者。她们热衷于公益活动，积极融入社交圈，不再拘泥于坐守闺房。这些勇敢的尝试无疑为当地女性提供了新的行为示范。在东南沿海一些通商口岸城市，不缠足运动还得到了上流社会男女的支持和推动，该运动由教会女校向华人家庭逐渐扩展开来，颇有成效。然而在相对闭塞的小城镇小乡村，不缠足在富户人家依旧是阻力重重。华北地区倡行不缠足，主要靠教会女校推行和家长支持，其不缠足的先行者仅限于教会女校学生和少数官宦之女，老年人（包括教徒）的普遍守旧心理使得不缠足运动频频受阻。如山东登州，它是基督教在华北传教的先行地，但时隔半个世纪之后，该地还是固守旧习，教会中的年老者尚不悦天足，很难改变这种普遍的现状。可见，仅靠教会发动的不缠足宣传攻势还不足以动摇传统舆论导向的权威。转变民众的从众心理，需要经历一个缓慢的、自我教育的过程。

需提及的是，当时成都的不缠足运动起色不错。当地华人所设的天足会成员曾偕英总领事去拜会了当地行政长官，长官自愿襄助成此不缠足之善举。于是借助官方权威，通过倡导改良陋俗的方式进行废缠足的舆论准备，再辅以少数上层女性身体力行率先废缠足，由此来带动风气转变。两者缺一不可，故成都的不缠足运动很有成效。进入民国初期，成都的缠足解放风气愈发浓烈，天足跃居主流地位已不可逆转。

社会舆论对缠足的取向已经从欣赏转向遗憾甚至嫌弃。

华中地区而言，除了教会、地方官府直接介入宣传不缠足之外，民间有组织的参与活动未见记载。唯有湖南的不缠足运动规模发展引人注目：加入湖南不缠足会的成员多达1181人，按入会人员的籍贯划分主要集中在4个城市——新化248人，长沙243人，浏阳227人，善化216人，占总数的79.1%，邻近这些城市的湘乡58人、湘潭46人、湘阴25人、益阳23人、宁乡13人占总数的14%，其他县市会员人数一般在3—5人。[①]可以推测，湖南的不缠足运动影响所及基本限于上述几个城市地区，不缠足会的兴起似乎又与湖南在戊戌维新运动时代的特殊地位直接相关，天足会对湖南不缠足运动的记述也是较为丰富。单凭政治优势倡行改革陋俗，固然会形成强大的冲击力，但持久的推动力则有赖于地区生活方式的转轨对女性社会角色的重新定位。通过地区比较可以看出，不缠足运动的主要推动力和宣传方式在各地区存在差别。在江浙、华南及湖南的局部地区，不缠足观念已经在当地引起局部性共鸣，而在华北、西南、华中大部分地区，不缠足还只是处于自上而下的宣传发动阶段。

天足会在中国出现，始于近代在华教会组织。但华人自办的天足会，其初衷已超越出宗教范围，是有志倡行不缠足者的社团。天足会的主要活动除了宣传女性不缠足，还有发展会员、集资办女学校、贴补会员嫁事等。天足会不同于传

[①] 据王尔敏《湖南不缠足会会员名录》统计。参见李又宁：《中国妇女史论文集》(第一辑)，台湾商务印书馆股份有限公司1988年版，第415—452页。

统意义上的民间组织，在当时已逐步形成了全国范围内有影响的网络，突破了宗族、门第乃至性别的鸿沟。在其上海、天津、西安及成都的4个发行中心，会举行不定期演讲，讲员涵盖了严复、沈仲礼等社会名流。天足会捐助人名录中有以女士、夫人、太太、小姐等多种身份具名的女子，捐款额度从2角到20元不等，这也许是女性参与地方社会活动的最早记录之一了。从经费来源看，该组织初期主要靠外国传教士捐助而后逐渐向自养自立过渡。这个由地方女士名流组成的天足会是清末倡行不缠足运动的主要力量，但由于规模较小，且其活动范围仅限于几个城市，并未辐射到全国，故对当时社会的影响依然不大。

四、小结

建立在男尊女卑观念的基础上，传统中国的礼教逐渐形成了"三纲"和"三从四德"的核心内容，以约束女子的言行道德规范。精神控制的强化、生理摧残的盛行和制度法律的具化使得传统社会的绝大多数女子地位卑劣，处境不堪。明末清初，虽有一些启蒙思想家发出与传统女性观相异的声音，但始终未能对女性社会地位的改变产生实际影响。随着西方男女平等思想的传入、传教士的启蒙以及《女权篇》等译著在中国的宣介，中国传统的男尊女卑观念遭到一波又一波的冲击。早期维新派开始关注女性的生存状态和社会地位等问题，晚清通商口岸城市最早出现了女子教会学校，这些新气象为近代中国女子教育的兴起和女性的解放带来了曙光。不缠足运动的发起更是站在传统观念的对立面，拉开了破除缠足陋习的社会运动的序幕，也开启了近代中国女权的先声。

第二章 "女国民"与贤妻良母主义

　　清末民初，奴隶与国民是两个对立的概念。先进的知识分子在批判国人的奴隶性时，总是用国民作为参照；在谈国民时，总是提示人民必须抛弃奴隶性。所谓奴隶，是在专制政体下甘受奴役的人，他们只有义务没有权利；所谓国民，是民主政体下在国家社会中享有自由的人，他们享受权利并履行义务。当这些启蒙知识分子关注到女性这个群体时，他们便提出了"女国民""女公民"的称呼，以区别于传统的"奴隶""臣民""妾婢""女仆"等。由此可见，启蒙思想家们对女子的社会定位问题已十分关注，去奴隶为国民，实际上就是阿尔蒙德其公民文化理论所述的去除传统臣民人格、塑造近代公民人格。这也是启蒙必须首先解决的问题，即在国家和社会中"女性应当是什么"的问题。

一、"女国民"观念的演变

(一)清末"女国民"的提出

早在先秦时期就已经出现了"国民"一词,在《左传》卷二十四里就有"先神命之,国民信之"的说法。在汉朝,诸侯王藩国内民众也被称之国民,取"一国之民"之意。[①]到了清末,康有为就曾多次提到"国民"二字。在1898年4月的《保国会章程》中,他大声疾呼要拯救"国地""国权""国民"。同月在《告天祖誓群臣以变法定国是折》一文中,他向皇帝进言:"皇上受祖宗之付托,为国民所托命,复宗社土地,而保之乎?抑受守旧亲贵而保之乎?"[②]同年6月,他在《进呈突厥削弱记序》中说道:"中国不亡,国民不奴,惟皇上恃。"[③]同年6月至7月,康有为在《请开学校折》中提出要"展历维新,鼓荡国民"[④]。他讲到波兰这个国家之所以亡国是因为其"国民"性弱,他希望清政府可以效仿西方的"国民学",设立小学、中学、大学教育体系。立宪,不仅有利于"国民"也有利于君主。在这些文章中,康有为的"国民"即是"一国之民"之意。

1899年,梁启超在《论近世国民竞争之大势及中国前途》

---

① 参见《词源》,商务印书馆1977年版,第573页。

② 汤志钧编:《康有为政论集》上册,中华书局1981年版,第257页。

③ 汤志钧编:《康有为政论集》上册,中华书局1981年版,第300页。

④ 汤志钧编:《康有为政论集》上册,中华书局1981年版,第305页。

中首次给国民赋予了近代含义:"国民者,以国为人民公产之称也。国者积民而成,舍民之外,则无有国。以一国之民,治一国之事,定一国之法,谋一国之利,捍一国之患。其民不可得而侮,其国不可得而亡,谓之国民。"[①]其后在1902至1906年间他用"中国之新民"的笔名在《新民丛报》上接连发表了二十篇政论文章。其中,他在《论国家之思想》一文提出:"有国家思想,能自布政治者,谓之国民。"[②]在《论权利思想》一文中又认为:"国民者,一私人之所结集也,国权者,一私人之权利所团成也。"[③]将国民与国家、国民与权利紧密联系在一起,他所说的"国民"不仅是康有为笔下的"一国之民",而是已接近西方近代的"公民"。

在19世纪末20世纪初,不做奴隶式的臣民而要做自由自主的国民已形成一种社会思潮。当时出现了很多以"国民"命名的报刊,如1901年5月,革命派创办了《国民报》,后又在1903年8月创办了《国民日日报》。1902年,改良派创办了《新民丛报》。1910年8月,立宪派创办了《国民公报》。诸如此类的报刊,其名字都直接挂钩"国民",另外还有部分名字不挂钩"国民"的报刊也以传播国民精神作为创刊宗旨。首次将"国民"与"奴隶"对立起来予以区别的是发表在《国

---

① 梁启超:《论近世国民竞争之大势及中国前途》,《饮冰室合集》,文集之四,中华书局1989年版,第56页。

② 梁启超:《论国家之思想》,《饮冰室合集》,专集之四,中华书局1989年版,第16页。

③ 梁启超:《论权利思想》,《饮冰室合集》,专集之四,中华书局1989年版,第39页。

民报》上的《说国民》一文："何谓国民？曰：天使吾为民而吾能尽其为民者也。何为奴隶？曰：天使吾为民而卒不成其为民者也。"[1]文中认为奴隶无权利，无责任，甘心受压制，崇尚尊卑有别，而且好依傍依附；国民则有权利，有责任，追求自由和平等，崇尚独立。并且认为应该效仿法国，达到"国民之田"为国家，"国民之农夫"为思想启蒙者，"国民之种子"为自由平等之说的境界，通过不畏辛劳的耕作，方能摆脱奴隶状态，收获"国民之果"。

陈天华的《国民必读》，已经明确了现代意义上的"国民"其核心内容是权利义务。而且在他看来，权利与义务在民主国家中虽是不可分割的，但二者中，权利为先，先权利后义务。陈天华专门用白话文的形式所写的《国民必读》，让更多的国人理解了何谓国民，何谓国民的权利与义务。

在"国民"思潮讨论得如火如荼之际，"女国民"也呼之欲出。在中国历史上，第一次提出"女公民"概念的是康有为。他曾于《大同书》中所言："同为天民，同为国民，与女子为公民，又于男子无损也，何事摈之而侵天界乎……以女子为公民可骤增国民之一半，既顺公理，又得厚力，何事背天心而夺人权哉！……将欲为太平世欤，以女子为公民，太平之第一义也。"[2]康有为呼吁，在"公天下"的时代，在列国并立的时代，不仅男子，女子也是公民。然其《大同书》

---

① 张枬、王忍之编：《辛亥革命前十年间时论选集》第1卷，生活·读书·新知三联书店1960年版，第72页。

② 康有为著，朱维铮编校：《康有为大同论二种》，生活·读书·新知三联书店1998年版，第184—185页。

秘而不宣，所以对当时社会并未产生实质性影响。

《女界钟》一文的作者金天翮是最早提出"国民之母"称谓的人，"国于天地必有与立，与立者国民之谓也。而女子者，国民之母也。"①"国民之母"概念的提出，使人们认识到强体魄、高素质的国民之母，是铸造强体魄、高素质国民的保障，甚至还有人提出"女人以生产国民、教育国民为独一无二之义务"②，这也是当时国家处于内忧外患之际，人们很自然的期许。在那时，人民认为，女性作为国民之母，应该具有相应的权利和义务，不过显然后者更为侧重。除了"国民之母"的提法，金天翮在《女界钟》里甚至提出了二十世纪是女权革命的时代，喊出了"女权万岁"的口号。自《女界钟》起，可以说开启了一个对女性的社会定位问题关注讨论的热潮。

在提出"国民之母"之后，有些女权激进人士在此基础上提出"女国民"主张，1905年《女子世界》就刊发文章指出体育重要性，强调体育"不特养成今日有数之女国民，且养成将来无数之男国民"③。1907年，刊登在《东方杂志》上的一篇名为《论文明先女子》的文章正式提出了"女国民"的称谓。"国民二字，非但男子负此资格，即女子亦纳此范围中。"④这篇文章的主旨就是主张女子要"养成国民品格"，"做完全国民"。当时的很多报纸上，出现了好几首《女国民

---

① 金天翮：《女界钟》，上海古籍出版社2003年版，第4页。
② 刘瑞平：《敬告二万万同胞姊妹》，《女子世界》第7期，1904年7月。
③ 丁初我：《女学生亦能军操歌》，《女子世界》第13期，1905年1月。
④《论文明先女子》，载《东方杂志》，第4卷第10期，1907年。

歌》，"女国民，奋发勉志气…女国民，廿世纪飞腾日…女国民，职业须自由…女国民，从今放步行……"①无论男子还是女子，他们都有共同的称谓——国民，在"国民"名义之下，男女皆平等。在此环境下，"女国民"教育思潮应运而生，一些女学堂把国民意识列入教育内容，1906年发行的《最新女子教科书》中就提出"女子同为女国民"，"必先自爱其群，始勉尽己力牺牲私利，维持公利"②。此外，维新派在戊戌时期还首倡贤妻良母主义的新社会思潮，与传统的"三从四德"不同，贤妻良母主义既强调女子家庭责任感，又强调社会责任感。

"国民之母""女国民""女公民""贤妻良母"等称谓的出现，说明"国民"在清末已开始成为先进人士心仪向往的新的社会角色。需注意的是，关于"公民"与"国民"，这两个概念是不完全吻合的。要完全辨明近代中国人使用的"国民"与"公民"两者之间的关系是很难的。有些人是不加区别地使用，他们忽而用"国民"，忽而用"公民"，两者观念要求都是有国家观念、有公德心、自由独立、能够主张权利并履行义务，等等。不过从总体上看，也是有一些差别的，比如当一般讲国家成员的权利义务时，大多使用"国民"；当谈及公权尤其是参政权以及行使参政权时，常常使用"公民"。像康有为提出的"公民自治"、民国初年的"公民请愿

① 吕青扬(眉生)：《女国民歌》，转引自李又宁、张玉法主编：《近代中国女权运动史料(1842—1911)》上卷，台北龙文出版股份有限公司1995年版，第471—472页。

② 转引自罗苏文《女性与近代中国社会》，上海人民出版社1996年版，第148页。

团"等是使用"公民"一词的。从康有为和梁启超的文章中可以看出，他们认为的"公民"是享有"公权"的部分"国民"。康有为的《公民自治篇》中的"公民"是由有一定财产、能够交得起一定税收、在地方自治中有选举权和被选举权的国民组成。1907年预备立宪公会出版的《公民必读初编》所提到的公民资格是：在选举区居住两年以上，年龄在25岁以上，"产业多者"，享有公权。

总之，清末出现的"女公民""女国民""国民之母""贤妻良母"是对中国女性的一次重新定位，是妇女解放思想发展的里程碑。这些词的出现吸引了大批知识分子的目光，其中也包括少部分知识女性。这些女性在被启蒙的过程中也开始对女性整个群体的社会定位问题进行反思。她们逐渐参与到争取女权和反帝爱国的运动中，为国家、为民族、为女性自身群体的命运而战斗。中国国情具有特殊性，这导致中国近代启蒙进程与西方近代启蒙提倡自由平等、个性解放的进程不同，西方启蒙运动首先并始终关注的是人，是个人权利和个性解放。而中国的近代启蒙一开始关注的便是民族自救和国家制度问题。清末启蒙思想家更多关注的是"用什么制度来救国"，特别是民主制度与民族自救的关系，他们想要培养适应近代政治制度的"新民"，倡导通过培养"女国民"，来引导"新民"具备健全的政治人格和道德，以达到救亡图存之目标。中国清末启蒙思潮强调"国民"或"公民"，与西方启蒙运动首先发现个体的"人"或"公民"不同。渐进地，戊戌时期存在对女性重义务轻权利的倾向，而到了辛亥革命前后，先进知识分子们更加重视倡导女国民的权利，到了五四新文化运动时期，女性的"独立人格"逐渐被重视起来。

（二）新文化运动时期对女国民"独立人格"的追求

在清末，"国民"与"奴隶"是最重要的一对范畴。要从"奴隶"变为"国民"，意味着就要改变过去只知有家而不知有国、只讲私德不讲公德的观念，树立起国家观念、权利义务观念、公德观念。在当时树立国家观念是主要的，甚至有时为了国家的自由，还应牺牲个人的自由。中华民国成立后，特别是随着新文化运动的兴起，人们的"国民"意识进一步增强，开始更多地强调人的独立性和主体性。总结起来就是，清末时期的启蒙重"国民"的整体性，新文化运动时期的启蒙重"国民"的个体性。

当时一些较为激进的青年知识分子公然声明自己的个人主义立场。陈独秀就认为，"国家利益、社会利益，名与个人主义相冲突，实以巩固个人利益为本因也"①。在《新青年》创刊号上对青年提出了六项要求，其中第一项就是：自主而非奴隶的。胡适在《易卜生主义》一文中很明显地表达了他的个人主义立场。他所期冀的"是一种真正纯粹的为我主义"，"要使你有时觉得天下只有关于我的事最要紧，其余的都算不得什么……你要想有益于社会，最好的法子莫如把自

---

① 陈独秀：《东西民族根本思想之差异》，《陈独秀著作选》第1卷，上海人民出版社1993年版，第166页。

己这块材料铸造成器。……有的时候我真觉得全世界都像海上撞沉了船，最要紧的还是救出你自己"①。高一涵宣扬的是边沁个人主义的功利思想，他认为社会为"小己"组成，不谋"一己"的利益，就不会有社会的发达。他主张的是自利利他主义，反对损人利己，也反对损己利人。同时，他认为国家权力和国民权利之间应有明确的界限，道德问题属于个人问题，政府不应加以干预。可以说，新文化运动时期，个人的地位突出了，一个人不仅是国家的国民，也是有独立价值的主体。同样，女国民的"人格独立"也被给予了极大的关注。

新文化运动时期，女字旁的"她"字发明诞生。这个"她"字可不能小觑。2000年美国方言学会组织过中文"世纪之字"的评选，在众多入围的汉字中，诸如"科学""自由""正义""她"等汉字中，"她"字通过重重筛选，摘得头冠，被评为"21世纪最重要的一个字"②，"她"字被认为是在中国近代史上"所发明的最迷人的新语词之一"③。"它的创生、争论及其此后的认同和流行，既是东西文化接触后出现的一个典型的语言现象，又是新的性别文化现象，同时还是文学史、思想史和社会文化批评史变迁中值得关注的现象。"④

① 胡适：《易卜生主义》，载《新青年》第4卷第6号，1918年。

② 陈耀明：《她：21世纪最重要的一个字》，载《黄金时代》，2000（4）。

③ 刘禾：《跨语际实践》，宋伟杰等译，生活·读书·新知三联书店2002年版，第49—52页。

④ 黄兴涛：《"她"字的文化史——女性新代词的发明与认同研究》，北京师范大学出版社2015年版，第2页。

　　"她"这个字的提出始于1917年《新青年》编辑周作人、刘半农等人对于"she"字的对译讨论,当时刘半农提出创造"她"字的建议,之后周作人于1918年发表译作《改革》公开探讨关于"她"字的问题。在文中,他向世人率先透露了刘半农创造"她"字的设想,同时鉴于实际操作中排字印刷的困难('女'旁加个'也'字,当时印刷所里没有,新铸也为难),他就采用在"他"字下注一个"女"字("他_女")的办法过渡,并在《新青年》杂志的文章中予以使用。"她"字的创生给当时的读者以强烈的刺激,胡适、钱玄同、叶圣陶等都对此公开回应过,特别是叶圣陶,他是"他_女"的热心实践者。1919年2月至5月,叶圣陶在《新潮》杂志上接连发表了《女子人格问题》《这也是一个人?》《春游》等文,其中都将"他_女"作为女性第三人称代词来使用。在《女子人格问题》一文中,叶圣陶激烈批判了男权社会对妇女人格的摧残和践踏,谴责了纲常名教、三从四德所导致的所谓"贞操节烈"。"女子被人把'母'、'妻'两字笼罩住,就轻轻把人格取消了"①,他认为女子应和男子一样享有人格。在他看来,"他_女"正是女子独立和与男子平等的象征符号。因此,他不仅率先将"他_女"使用在为女子争人格的"妇女解放"专论里,还在其创作的小说中也开始使用"他_女"字。从"他_女"可以看出,在新文化运动前后这段时期,思想界对女性解放问题给予了从未有过的极大关注。新文化运动前期人们就已经开始着眼于女子的人格和独立问题,认为实现人权、女权、

　　① 叶圣陶:《女子人格问题》,《新潮》第1卷2号,1919年2月1日。

国民资格的前提就是一个独立的人。由此出发，其间众多知识分子对中国千百年流传下来的"女子应为贤妻良母"的观念进行了大胆否定，女性作为国民享有权利和义务的诉求也得到了充分表达，女国民的形象也变得具体化起来，当时进步女青年的普遍追求已转变为"不当玩偶""争取独立人格"了。

新文化运动前后是中国社会急剧变革的时代，这个时期的启蒙知识分子们重在对传统封建专制进行根本的否定和全面的批判，自由、平等、人权等词呼之欲出，这是一个追求普遍人权的时代。这一时期从经济、政治、文化、社会、道德等多个领域，对女国民应享有的权利问题进行了深入的探讨。

五四时期青年们受到激进知识分子的启蒙感召，在男女教育平等权、经济独立、婚姻自主、参政议政等方面都进行了激烈的反传统斗争，以争取女性作为国民的权利。比如，邓春兰向北大校长蔡元培呼吁开放女禁，以争取教育平等；一批女青年试办女子银行、平民工厂等工读互助团体的实验，以争取经济独立；赵五贞等进步女青年为了实现婚姻自主，不惜以死相争、离家出走。之后，大学开放女禁了，女子可以从事工商实业，政府机构涌入女性职员，自由恋爱风气开始流行，可以说追求女性人格独立取得了瞩目的成绩。除了争取以上的权利问题，还涉及女性自身素质的问题，比如伦理、道德、贞操、身心健康以及"装饰"等，这些问题恰恰还隐含着个体自由等更深层的东西。

综而观之，五四运动前后的中国社会正在发生着巨变。新文化运动滋生出思想启蒙，爱国救亡运动伴随着社会运动，北伐战争映衬着政治革命，这些旋律共同勾勒出那个时代的社会变化轨迹。女性解放问题成为当之无愧的热议话题，先进的知识分子们就国民与国家、女性与国民等概念与关系进行多层次多维度地探讨。一部分女性受到鼓舞，她们以实现个性解放、个人自由、人格独立为目标，期盼着新生的民国能够将国民应得之权利赋予女性。然而，当时的民国由北洋军阀把持，只剩下披着民主空壳的封建军事独裁。由此，曾寄托殷切希望的进步人士心灰意冷，其中部分便踏上了反抗斗争之路。逐渐地，国民及女国民的观念呈现出逐步淡化的趋势。

（三）"女国民"与"新女性"的整合

到了 20 世纪二三十年代，随着女国民观念的逐步淡化，"新妇女""新女性"等称谓却逐渐在社会上流行起来。胡适最先提出"新妇女"的称谓，他在 1918 年发表的一篇文章《美国的妇人》中介绍了这个由美国舶来的名词"新妇女"，"指的是一种新派的妇女，言论非常激烈，行为往往趋于极端，不信宗教，不依礼法，却又思想极高，道德极高"[①]。"新女性"的称谓则是由女作家陈学昭在发表于《时报》的《我所理想的新女性》一文中首先提出。而后在 1926 年，杂志《新女性》于北京创办，当时主要的作者是鲁迅、叶圣陶、周

---

① 胡适：《美国的妇人》，《新青年》第 5 卷第 3 号，1918 年 9 月 15 日。

作人等。"新女性"并没有十分确定的标准，对其内涵也没有完全一致的理解。当时的新女性主要是指有思想、有追求，具有谋生的一技之长，生活方面表现得与传统家庭主妇有很大差异，在衣食住行上很具有时尚感，是展现新的社会风貌的女性群体。

20世纪二三十年代的文学和艺术作品中，男性作家笔下的"新女性"形象往往要更光彩夺目。比如叶圣陶在《倪焕之》中推出的金佩璋，柔石在《二月》中塑造的陶岚，相比之前鲁迅《伤逝》中的纯情少女子君，其女性人物性格更加丰富，经历更为复杂，从这些女子身上折射出了新女性的某些时代烙印以及男性对女性审美眼光的变化。以叶圣陶塑造的金佩璋为例，作者通过描写这位职业女性结婚前后判若两人的巨变来展示新女性的魅力及困境。金佩璋幼年丧母，靠兄嫂抚养成人。出于对人生的较早体验，她怀有强烈的独立自存的向往。在小学毕业后，坚持报考女子师范，想做一番事业，靠自身自立。放弃早婚，继续求学使得金佩璋具备了步入职业界的起码资格，而后成了一名乡村女教员。后来与倪焕之自由恋爱步入婚姻，然而在其怀孕后，她原来的豪爽、气度、性情、思想改变了，其注意力全放在孩子和家庭上，不再想看书，也不再想继续教师生涯，与之前的她简直判若两人。倪焕之在目睹了妻子的变化之后，对她的感情既是怜悯、苦涩而又无奈。的确，从传统的单一角色到身兼妻子、母亲、恋人、同志之职，对女性来说需要有一个心理适应过程，更需要相应的物质基础。对于一个新家庭来说，如果没有另一个女人承担哺育婴孩的责任，那么一个新生命的出现必然首先会吞噬一个母亲的理想和从容。

金佩璋这个文学形象的特殊意义在于作者不仅述说了她作为一个有理想、有追求的新女性在婚前的魅力，更展示了她兼有母亲角色后选择了退却，从而给新家庭的朦胧幻境接上苦涩的续篇。叶圣陶没有将这种退却看成个人行为，而是强调她让生命历程中一个猛烈的"暗浪"给毁了。这个"暗浪"包括社会为新女性自我发展打开了中等教育之门，但职业、家庭的双重压力又是新女性难以承受的，二者择一的选择使她们对女性自我价值的认识产生动摇。

除了文学作品中涌现的新女性形象，在戏剧舞台领域也出现了新女性形象。戏剧舞台上的新女性形象与传统戏曲中的女性形象是截然不同的。前者是敢于突破封建妇德束缚的女勇士，而后者却是封建妇德的殉道者。民国初期，这些新女性形象曾引起观众的偏爱，如汪优游在《空谷兰》中扮演以尖嘴姑娘形象出现的闺阁女子，曾令很多观众倾倒，连看数遍，欲罢不能。对婚姻自主的渴望曾是近代上海戏曲舞台常演常新的主题之一，20世纪20年代后期，这方面题材的剧目取材更开阔，社会影响也更深远。其剧目演变的轨迹导向对封建礼教的抨击、摒弃以及对女性社会角色的重新定位。如京剧《黄慧如与陆根荣》，就是直接取材于社会真实事件，该剧的故事也成了市民的热门话题。同类题材的还有沪剧《阮玲玉自杀》（1935年）、《恨海难填》（1940年）、《叛逆的女性》（1945年）、《碧落黄泉》（1946年）等。这些剧目都是以殉情为结局，使得民国时期上海戏曲舞台上所表现的婚姻自主颂歌带有浓烈的悲剧色彩，一方面赞赏青年男女敢于冲破封建尊卑等级观念，自主择偶的勇气，另一方面也暗示这种反抗多以殉情告终，如意姻缘对大多数人来说，只是一场难圆的梦。

除了"婚姻自主剧"，还有"家庭伦理剧"，这在戏曲舞台上展现的家庭冲突主要在婆媳、妻妾之间。比如昆剧《昆山记》、京剧《妻党同恶报》，沪剧则更为丰富，如《十不许》《陆雅臣》《贤惠媳妇》《离婚怨》等。1938年被搬上沪剧舞台的《雷雨》是沪剧首次改编话剧名著的尝试。剧中男性家长是个以儒雅形象出现的家庭专制君主，而作为旧式家庭的被害者的女眷们充当着加速旧家庭解体的助力和新生活的勇敢追求者。这种崭新的舞台形象给观众带来的是突破传统规范的审美享受，都市女性被赋予某种尝试现代生活的先驱的象征意义，在她们身上寄托着近代上海女性的梦想。

近代上海由传统内贸海港跃为中国第一大都市，既是中国半殖民地化过程的缩影，也提供了城市化发展相对最充分的样本。近代上海商业美术作品中女性形象演变的进程，直接导向近代上海画家队伍优势的形成和艺苑推陈出新、绚丽景观的呈现。仕女画作为中国传统绘画艺术的一个门类，与山水画、花鸟画的发展同样有着漫长的历程。《点石斋画报》刊行10年，为近代上海留下记录民风市情变迁的画卷。不过，画家在传递信息时往往使用全景式画面，似重在讲述轶闻，而不是刻画人物。然而，在《飞影阁画报》《海上青楼图集》

中，画家关注的重点转向了都市女性，改变了记实性风俗画的创作特点，推出了系列性都市仕女图。美女月份牌流行，推出了全新包装的时装美女。美女月份牌的画集代表着第二代都市女性的特征。最初的改变是弃古装而换时装，头饰尽去，窄袖露腕，长裙过膝，下摆适中，时髦革履，形象显得活泼而轻盈。顿时涌现出简洁、轻盈、活泼的形象。1930年代，月份牌美女造型设计已无所谓定式，发型以烫短发为主，服装有旗袍、裙装、长裤，不可缺少的是多种时髦的消遣如游泳、打高尔夫球、骑马、吸烟、饮洋酒等。除了画报画集之外，广告中的女性形象也越来越多，并且不单限于女性消费品领域。在1921—1925年，女性已经被视为文明的象征，被竞相使用在各类报纸广告中，成为引领时髦的先导。这些新女性形象无论是外在穿着还是个人生活都与古装宽衣大袖、头饰铺缀、三寸金莲、只知三从四德的女性旧形象形成鲜明的对比。

20世纪二三十年代，女国民和新女性的设定在权利、义务、素质等方面日趋一致，特别在30年代后期，新女性以女国民的身份参加抗日战争，其贡献与男性相比不遑多让。与之对应的，在一定范围内，"女同志""女战士"等带有浓重政治色彩的称谓也开始流行起来，特指那些为革命事业努力奋斗的女性群体。后来，其中的部分人士成了革命者，她们有着崇高的理想和高昂的革命热情，以救国救民为己任，在她们身上，多数人完成了从新女性向革命者的转化。除了完成救亡图存的使命，这些女同志在更广泛的范围内争取自己的权利，如在1939年4月陕甘宁边区第一届参议会上，提出至少应有25%女参议员的提案，并推动通过了《提高妇女政治经济文化地位案》。经过锲而不舍的实践，女国民观念渗透到了更广大的社会层面。

综上，女国民观念的提出、发展、整合从侧面反映出，进入民国后，人们的妇女观呈现出多元化态势。其实除了女国民观念，还有力主对传统女性角色进行逐步转换的贤妻良母主义，这种观念在当时女性群体中传播的范围更加广泛，而且因其改良的特点，接受新贤妻良母主义的人数也比女国民观念更多。

二、关于贤妻良母主义的论争

（一）"贤妻良母"溯源和重新界定

贤妻良母，曾是近代以前的中国对女性的社会定位，同时也是传统女性生活的基本范式，概括了中国传统社会对女性在家庭方面的最高要求。而到了近代，对贤妻良母的看法则出现多次的探讨和论争，存在着较大分歧，有坚持其仍为塑造女性的最高标准的，也有认为其是阻碍女性解放的。其实到今天，"贤妻良母"依然由于人们的理解各异而无法达成共识。

追其之源，早在先秦时代，已出现贤母、贤妃、贤女等概念。《战国策·赵策》中的"故从母言之，之为贤母也"①，"贤母"是指良善之母。《诗经·齐风》中有"鸡鸣思贤妃也"②，"贤妃"是指能助国君的贤德的后宫妃子。《诗经·陈风》中的名句"思贤女以配君子也"③，"贤女"这里指有才德的女子。这些文献反映出在先秦时期社会对女性的要求。到了秦汉时期，汉代的刘向和班昭分别在《列女传》和《女诫》中为女性树立了母仪、贞顺、贤明、节义等贤淑女子的榜样，提出了对女子"三从四德"的基本要求。魏晋南北朝时期，最早出现了贤妻一说。陶潜《与子俨等疏》中写有"余尝感孺仲贤妻之言"④，《世说补注》有"高柔爱玩，贤妻有终焉之志"⑤。到了宋代，开始出现了"贤内助"的提法，宣仁太后就曾对皇帝说："得贤内助，非细事也。"⑥宋代还大力宣传"贤妇人"，《太平御览》《太平广记》等类书中都设有"贤妇人"类。

贤妻良母主义这股思潮是由日本传入我国。近代之前的日本，由于受中国三从四德观念的灌输和影响，其本土女性被剥夺了最低限度的人类自由和尊严，视夫如天。近代以后，随着民族主义和国家主义的发展，女性成为养育子女的负责

---

① 刘向集录：《战国策》卷二十《赵三》，上海古籍出版社1985年第2版，第693页。

② 程俊英、蒋见元：《诗经注析》，中华书局1991年版，第263页。

③ 程俊英、蒋见元：《诗经注析》，中华书局1991年版，第370页。

④ 陶渊明：《与子俨等疏》，《陶渊明集》，逯钦立校注，中华书局1979年版，第187页。

⑤ 转引自梁章钜、郑珍：《称谓录亲属记》，中华书局1996年版，第67页。

⑥ 脱脱、阿鲁图等：《宋史》卷二百四十三《列传第二·后妃下》，中华书局1977年版，第8633页。

人,其作用在日本开始被重视起来。在日本关于"贤妻良母"的界定和解释主要有两种:(1)以民族主义的抬头为背景,以儒教为基础,受制于大众心目中的女性形象,曲解西欧的女性形象的复合思想。(2)所谓贤妻,就是认同"男子为事业,女子为家庭"的观念,充分完成家务和能够管理好家务。两种观点有分歧,前者针对近代以来女性参加社会劳动在数量上的扩大和质量上的变化,认识到对女性进行国家意识教育的必要性,不得不重新强调女性的任务。后者则带有近代性质的男女分工观"男主外,女主内",贤妻良母教育不仅教妇德,还把妻子管理家庭的能力、母亲育儿能力的开发作为目标。虽有分歧,但这两种观点所体现的贤妻良母思想和封建时期的"贤妻""良母"还是有很大区别。

1905年8月,较早在中国传播"贤妻良母"主义的日本人服部宇之吉与沈钧夫妇一起在北京创立了豫教女学堂,专门招收中国女子入校学习。办学宗旨由服部宇之吉起草,施普通教育和高等普通教育以"造就贤妻良母"、培养能够为国家和家庭献身的女性为办学目标。在课程内容的设置上可以说基本照搬了日本国内女校的办学模式。该学校究竟培养了多少女学生目前已无法弄清,但为我们了解日本式的贤妻良母教育以及贤妻良母主义在中国的传播情况提供了线索。

就贤妻良母主义被知识分子们热议的时间问题,吕美颐认为,第一次是在戊戌维新运动时期,第二次是在五四时期和新文化运动时期。清末民初,维新派知识分子在中国传统文化转型过程中,对传统的贤妻良母进行了重新的改造解释。

首倡者，正是维新派代表人物梁启超。然在梁启超之前，有一人则不得不提，其对梁启超的贤妻良母主义思想产生了很大影响，这人便是郑观应。在郑观应等"男性女权先声"看来，女性存在的第一要义就是当个贤妻，贤妻的标准便是粗识文字，以便懂得三从四德，帮助丈夫理财治家。女性存在的第二要义是做个良母，女人要读书明理，如此人才、风俗必大有转机，"女学衰，母教失，愚民多，智民少，如是国之所存者幸矣"[①]。郑观应以及当时绝大多数具有"先进"思想意识的男性在很大程度上秉承的是正统儒家的妇女观，只是这种妇女观长年在民间已演变成"女子无才便是德"的极端，郑观应等人觉察出这种极端对国计民生的严重危机，故用国家权力话语强调对妇女进行基本启蒙的必要性。

在郑观应等人的基础上，梁启超于1897年发表的《倡设女学堂启》首次提出了"上可相夫，下可教子，近可宜家，远可善种"[②]的贤母良妻标准。这为相当长时期内的中国女子教育奠定了基本的指导思想，也对"新"的女性形象作了简练而明确的界定。他认为女子既要为家庭尽责任，也要对社会尽义务。这双重责任要求女子必须具备一定的知识和能力，为此，他和其他维新志士一样，反对缠足，提倡女学，使女性同时获得身体和精神上的独立。双重独立又使得女子不再只能"分利"，而能"生利"。从"分利"到"生利"不仅减

---

① 郑观应：《致居易斋主人论谈女学校书》，《郑观应集》下册，上海人民出版社1982年版，第264页。

② 梁启超：《倡设女学堂启》，《饮冰室合集》，文集之二，中华书局1989年版，第19页。

轻了男子的负担，还有助于国家的富强。如其所言，"民何以富？使人人足以自养，而不必以一人养数人，斯民富矣"[①]。因此，新型的贤妻良母不同于传统的贤妻良母之处主要表现在为善种强国做贡献、既能相夫又能教子、改变在家庭中的工具地位等三个方面。

在中国很长一段历史时期内，女性仅被视为繁衍种族的生育工具。而到了近代，女性在思想启蒙者眼中逐步成了"国民之母"，她们不再仅仅是生儿育女的工具，更是辅助丈夫、教育子女成为国家栋梁之才的"国民之母"。这就充分肯定了女性构成民族国家一部分的基本意义，将几千年来中国女性的遭遇模式提升至建设民族国家的辅助地位。

梁启超及其他维新分子对女性形象的设计，虽然是进步的，但总体上并没有跳出男主外女主内的传统性别角色模式，更多的是强调在国家义务层面上的男女平等，主要看到的是女性作为"国民母"的作用，往往忽视了她们作为个体的"人"或"女"的权利和地位。刘健芝认为，在许多民族主义中"都把女性的母亲角色和生殖功能与民族国家大业的开展，与文化传统的保护相联系"[②]，这不能说是当时进步人士的一种创举。他们同样没把女性作为个体"人"所享有的自由和权利纳入考量范围，而是在救亡图存的危难中，自然地遵循着历史"规律"，仅仅只能说是中国现代民族主义对女性辅助地位重新确认的开端而已。可以看出，中国早期的女权启蒙

---

① 梁启超：《论女学》，《饮冰室合集》，文集之一，中华书局1989年版，第39页。
② 刘健芝：《恐惧、暴力、家国、女人》，《读书》1999年第3期。

并未完全跳出传统男权思想的范畴,不可否认现代意义上的贤妻良母较之于传统是不可同日而语的,它既对传统观念进行扬弃,同时又可以说在某种程度上继承了其衣钵。

(二)新文化运动中对贤妻良母的再认识

当被赋予新内涵的贤妻良母主义在社会上广泛受赞时,并非所有人士都如此认同。当时资产阶级革命派就有人在公开场合指出,即使女性同胞受到了教育,最后也只落得个贤妻良母的资格,说到底"还是男子的高等奴隶、异族的双料奴隶罢了"[1]。有一篇署名愤民的文章《论道德》中提到"所谓女德、妇道者,不过使女子放弃权利,贬损人格,跧伏于男子万重压制之下"[2],只能称之为伪道德。还有人指出,"贤妻良母主义,非与男尊女卑之谬说二而一,一而二者乎",呼吁女学界,"勿以贤母良妻主义,当以女英雄豪杰为目的"[3]。在辛亥革命后的短暂时间内,社会上掀起了一股尊孔复古的逆流,女性解放运动一时停滞甚至倒退,直至新文化运动开始。

在新文化运动之前,人们谈女子的解放,正如廖仲恺所说,是把女子看成国民的一半,由其肩负着国家任务的半数。女子的精神、体魄、心理受制于其地位和境遇,继而再

---

① 《苏英在苏苏女校开学典礼上的演说词》,《女子世界》第12期,1905年。

② 张枏、王忍之编:《辛亥革命前十年间时论选集》第1卷,生活·读书·新知三联书店1960年版,第850—851页。

③ 张枏、王忍之编:《辛亥革命前十年间时论选集》第1卷,生活·读书·新知三联书店1960年版,第482、484页。

由女子抚育国民的任务完成度来影响男子、社会和国家。廖仲恺认为，从国家、社会、男子这三个立足点来谈论女子解放问题明显是不够的。这样的解放"只可算是比较的、半面的解放，却不算完满的、彻底的解放"。真正的、彻底的解放"要从人类上女子本身上着想"①。可以说，戊戌维新时期人们更多地关注女性应尽的义务，辛亥革命时期对此进行修正，更多地从女性应有的权利去考量，而到了五四新文化运动时期，女子个性解放、个性自由的独立人格更加受到人们的关注。

强调女子为"人"的地位成了女性解放思想的主流。以"人"为切入点，使女性解放无论在深度上还是在广度上都非从前的女性解放可比。这一时期已有人明确提出"男女者，同人类也"②这个观点，认为"妇女解放"就是替受社会种种束缚而成为男子附属品的女性打开束缚，"使他们从附属品的地位，变成人的地位"。③"男女者，同人类也"的口号具有划时代的意义。这说明中国的知识分子在女性解放问题上已经突破了戊戌维新时期"贤妻良母主义"和辛亥革命时期"女国民"思想的局限。贤妻良母主义是进步的，但还没摆脱"男主外，女主内"的角色定位。"女国民"包含着男女平权的思想，但总体上还是一个救亡图存的口号，包含着强烈的民族主义和种族主义情绪。而"男女者，同人类也"这句口

① 廖仲恺：《女子解放从哪里做起》，载《星期评论》第8号，1919年。
② 高素素：《女子问题之大解决》，载《新青年》第3卷第3号，1917年。
③ 丁守和主编：《中国近代启蒙思潮》中卷，社会科学文献出版社出版1999年版，第360页。

号意味着不仅把女子看作"国民"的一分子，看作对救亡图存有用之人，更是从"人"的高度来看待女性的正当要求，是对民族主义的一种超越。可以说，"男女者，同人类也"是真正的女性解放宣言。

当时已有不少有识之士认识到，古代的封建观念和社会环境影响并塑造了众多人格不健全甚至完全没有人格的不幸女性，进而他们对延续千年的贤妻良母观念进行大胆否定。但总体看来，在辛亥革命时期，社会对女性的定位还未跳出"贤妻良母"的思想局限。民国初期尽管出现了短暂的妇女参政运动，但在男权社会中"贤妻良母"的观念并没有被真正打破。1914年，袁世凯政府还确定了培养"贤妻良母"的女学宗旨。1916年袁世凯去世后，有些复古教育被取消了，比如小学读经之类。但是"贤妻良母"式的女子教育不仅没有改变，反而得到了教育界的广泛认同。当时，各地教育官僚大多赞成以"三纲五常"为女子教育的指导思想。面对这样的官方思想和社会舆论，新文化运动先驱者们开始了新一轮的女性思想解放的启蒙。

胡适十分赞赏美国妇女"超于良妻贤母的人生观"，并提出了颇具影响的超良妻贤母主义，认为女性作为堂堂的一个人，"有许多该尽的责任，有许多可做的事业，何必定须做人家的良妻贤母"。[1]罗家伦认为，"良妻贤母"不过是有夫有子女性的一部分当然的权利，但绝不是女子人生的目的。他批判了当时流行的"良妻贤母"的教育目标，认为中国最重要

---

[1] 胡适：《美国的妇人》，载《新青年》第5卷第3号，1918年。

的是"人"的教育，而开口还只是谈贤妻良母主义的仍只能是奴隶教育，"现在中国女子精神上最重要的解放，就是打破良妻贤母的教育，而换以一种'人'的教育，女子知道自己是'人'，才能自己去解放"①。

既然男女都是人，都应该有独立的人格，那么在道德要求上就是平等的。过去，贞操只是对女子的要求，这是一种不平等，应该要打破。胡适就提出"贞操问题是男女相待的一种态度，乃是双方交互的道德，不是偏于女子一方的"，并且认为"社会法律既不认嫖妓纳妾为不道德，便不该褒扬女子的'节烈贞操'"②。鲁迅也认为"节烈"只是以男子为中心的社会对女子提出的片面要求，是男尊女卑的产物。"节烈"是不道德的，"道德这事，必须普遍，人人应做，人人能行，又于自他两利，才有存在的价值。现在所谓节烈，不特除开男子，绝不相干；就是女子，也不能全体都遇着这名誉的机会。所以决不能认为道德，当作法式"③。

女子要有独立的人格，就要有经济独立权。女子的经济独立和财产继承权问题在辛亥革命时期就有人提出来了，到了新文化运动时期，这个问题引起了更多人的关注。要经济独立，女性得有自己的职业，所以女性的职业问题也得到了广泛讨论。要胜任某种职业要求，有自己的职业，那就要受

---

① 罗家伦：《妇女解放》，转引自丁守和主编：《中国近代启蒙思潮》中卷，社会科学文献出版社出版1999年版，第360页。

② 胡适：《贞操问题》，载《新青年》第5卷第1号，1918年。

③ 《坟·我之节烈观》，《鲁迅全集》第1卷，人民文学出版社1981年版，第119页。

教育。辛亥革命时期，兴女学的呼声很高，然而男女同校的问题还没有被解决。民国初期制定的学制规定高等小学以上均实行男女分校，其实男女分校不仅影响青少年心理的健康发展，更重要的是使男女不能同等享用国家的教育资源。从1917年开始，"男女同校问题"引起了西方人士、教会学校的关注，还就这个问题展开过辩论，结果是主张男女分校的一方获胜。1919年以后，大学男女同校的呼声越来越高。《新青年》第6卷第4号发表杨潮声的《男女社交公开》一文，对教育部要办女子大学提出质疑，认为与其办两个不完全的男大学、女大学，还不如办一个完全的男女大学。同年，蔡元培也高度赞赏外国的男女同校，主张从贫儿院开始男女同校。康白情、罗家伦等人也都主张开放大学女禁。于是，从1920年开始就普遍实行男女同校了。除了受教育权，参政权也是必要的。新文化运动中有更多的男性站出来，为女性参政做了正当性辩护。比如李大钊、高一涵等人都认为法律应该保障妇女的参政权。

综上，新文化运动时期对贤妻良母主义及其所延伸出的讨论有两个显著的特点：其一，知识分子都是基于在对解决女性问题的严肃、科学探讨之上，对旧制度、旧观念进行有的放矢的批判；其二，知识分子也是将女性问题置于家庭环境中来看待，并非孤立地进行研究。比如有人主张以儿童公育来替代母职，使"不必人人备有贤妻良母之惟一智识"[①]。新文化运动时期的知识分子是在全国批判压制、歧视女性陈

---

① 沈兼士:《儿童公育》,《新青年》第6卷第6号,1919年11月1日。

腐观念的背景下，开展贤妻良母主义的讨论，其影响广泛而深远。

（三）抗战时期关于新贤妻良母主义的论争

在中国近代妇女运动史上，贤妻良母主义在抗日战争时期有过一次大论争。"九·一八"事变后，东北三省被日军占领，当时在东北，带有浓厚殖民色彩的"贤妻良母"主义被广泛倡导。当时政府主导的女子教育政策是以培养妇德为核心，通过强调插花、缝纫等早期女子教育来引导学生成为贤妻良母。媒体的报道多是日本女性保守、规矩的生活面相，强调要向日本女性学习。刘晶辉认为，就东北沦陷时期而言，在意识形态领域里和现实生活中，其贤妻良母主义的倡导和推行一直是属于占压倒优势的"正统思潮"。而且其还被日伪当局根据统治的需要，赋予了新的内涵。即通过宣传以顺从为特征的三从四德，要求妇女以妇德涵养为着力点，在家庭强化、枪后支援、民族协和三个方面积极实践和护持"建国精神"，目的是企图以女性的顺从来带动沦陷区的中国人民做顺民。日据东北时期，受日伪控制的"满洲国防妇人会""满洲帝国道德总会"以亲善并改进生活为名，通过创办女义学、家庭研究会等方式，向妇女灌输"国家与妇人""妇德要义""满日一德一心、民族协和"等封建伦理思想和殖民统治理论。

当时受管控严格的报纸也开辟了"妇女周刊"等栏目，

用以配合日伪当局对女性的教化宣抚工作。[1]李培镕认为，当地的教育使得日语变成国语，历史、地理也以日本为中心，女学生受到培养"实用性主妇"的教育，这种倾向越到日帝殖民末期越严重。可以说，贤妻良母主义成了日本殖民统治机构对被殖民地区人民实行统治的工具。

在华北沦陷区最具影响的大型综合性妇女杂志是《新光》，吕美颐通过对这一时期《新光》杂志的主要内容和舆论导向的归纳和总结，得出了这本杂志各类文章涉及最多的结论，即"女子为什么做贤妻良母和怎样做贤妻良母"。这证明在日本统治的地区，贤妻良母的倡导始终占据着压倒性优势。

在《新光》上掀起的贤妻良母主义的大讨论有其发生的国际背景，当时1933年，德国正处于经济危机时期，失业人口骤增，希特勒为了转移国内视线，大肆鼓吹"三K主义"，即鼓励女性回到厨房（kuche）、教堂（kircche）、床铺（kahn）。其拥护者甚至鼓吹女人最大的任务就是替祖国和民族繁衍子嗣。在这股逆流中，成千上万的女性被赶回家中，此事件也影响了世界上包括中国在内的诸多国家。

关于新贤妻良母主义的论争始于20世纪30年代初，延续十余年，高潮迭起，共产党、国民党、其他民主党派及各界人士进行了非常长时间的论战，对垒尖锐，可谓规模空前。

这场关于新贤妻良母的论争以1937年全面爆发抗日战争

---

① 刘晶辉：《民族、性别与阶层——伪满时期的"王道政治"》，社会科学文献出版社2004年版，第216—218页。

为节点，可以大致分为两个阶段。妇女回家论和新贤妻良母论是第一阶段主要的争锋论题，其中有人鼓吹"出嫁是女子最好、最相宜、最称心的职业"[1]，贤妻良母就是女性的使命；甚至有人认为贤妻良母"是女子生活的终极态度，也就是女子教育惟一的目标"[2]；有些稍微委婉些的论点提到让人心生敬意的女性"一定是一个尽了责任的女子，或是孝女，或是良妻，或是贤母"[3]。更多数的论战人士认为社会的起始就是女性生育，鼓励女性做好贤妻良母的本分，生育子女就是为社会尽责，优先级要高于其他事情。不可否认，这种妇女回家的论述还是得到了一定的支持度，在社会上出现各种排斥女性就业的现象。

面对这一论调，舆论界和妇女界众多人士对其进行了严厉的驳斥，认为在革命已然二十几年之后，贤妻良母主义这一在新文化运动时期已被各界所批判的主张居然还能再次复燃误导舆论，简直匪夷所思。当时妇女界常有人公开反对妇女回家论，以至全国各界救国联合会也发表声明，其表示对于"让妇女回家庭去以及妇女回厨房去的主张，加以反对。因为那样，便要使战时能够动员的人数，减少一半"[4]。随后值得关注的是，《妇女共鸣》杂志社开辟专栏提出了新贤良主义，认为家庭是社会的基本单位，既然贤良是维持健全家庭

---

① 林语堂：《婚嫁与女子职业》，《时事新报》，1933年9月13日。

② 志敏：《新贤妻良母论》，《妇女周刊》第2期，1935年5月1日。

③ 金铎：《从立法院修改刑法引起的妇女运动谈到妇女解放》，《正论》第3期，1934年11月。

④《抗日救国初步政治纲领》，《救亡情报》第6期，1936年6月14日。

的法宝，基于男女平等的考虑，如同女子要做贤妻良母一样，那男子在家也必须是贤夫良父。此文一出直接导致"新贤良主义"风行一时。然而，这种似是而非的主张，引起了进步女性的注意和警惕。罗琼就指出新贤良主义要求夫妻双方都回家以改善家庭关系，究其根本就是在变相地提出妇女回家论，至多就是旧贤良主义的稍加改良而已，并且其发出警示，如果贤妻贤夫多了起来，只会让投降派受益，使那些"大人先生们尽可从容不迫地去做他们的'睦邻'工作，谁都不来干涉"①。随着1937年抗日战争爆发，大量女性自发为国家贡献力量，以各种方式奔赴战场，妇女回家论和新贤良主义被迫暂时沉寂下来。

然而时隔不久，随着大规模抗战的推进，失业等社会问题日益严重，1938年下半年开始，各地都出现禁收、辞退女员工事件，商业专科也停收女学生，论争也就随之进入第二阶段。1940年7月6日，重庆《大公报》有一文鼓吹在现代社会制度中，大部分女性归根结底还是要回归家庭当主妇的，认为女性"在小我的家庭中，安于治理一个家庭，是一个女子为了她自身的幸福最好的选择"②，甚至还有名人为之鼓吹呐喊。这些文章引起了以邓颖超为代表的妇女界人士的严正反驳，连续发表文章予以驳斥，双方遂展开激烈的论战。譬如1940年8月邓颖超发表在《妇女之路》上的《关于〈蔚蓝中的一点黯淡〉的批判》，对端木露西的妇女解放运动观进行

---

① 罗琼：《从"贤妻良母"到"贤夫良父"》,《妇女生活》第2卷第1期,1936年1月。

② 端木露西：《蔚蓝中的一点黯淡》,《大公报》(重庆),1940年7月6日。

批驳，明确反对新贤妻良母主义，同时强调妇女解放之路绝
非是走新贤良主义，认为"新的贤妻良母主义，绝不是中国
妇女运动的直接主要方向和任务"①。同时，邓颖超指出她和
站在她这一立场的同仁们所反对的是，"从个人私有制度出
发，从封建性的旧压迫加重对妇女的束缚出发，要使妇女成
为小我家庭中，一个'夫'与'子'的观点上的'新'的贤
妻良母主义"②。之后周恩来于1942年9月在《妇女之路》上
发表了《论"贤妻良母"与母职》一文，认为贤妻良母"是
专门限于男权社会用以作为束缚妇女的桎梏，其实际也的确
是旧社会男性的片面要求"③，必须予以批驳。同时，他还反
对"借口妇女应尽母职，因而取消其社会职业……我们更反
对以同样借口不承认妇女的社会地位和政治地位"④。从辩证
唯物主义出发，周恩来认为母职是女性光荣的天职，应当持
有尊重和提倡母职的新观念，以代替贤妻良母的旧观念，这
也可以作为中国共产党人在妇女解放运动中持有观点的代表。

总体看来，近代知识分子的争执点主要在于是否做贤妻
良母，因为这关系到女性解放的实质问题，归宿是留守家中
还是走向社会。回溯世界历史和中国历史，冲破家庭藩篱、

① 邓颖超：《关于〈蔚蓝中的一点黯淡〉的批判》，《新华日报》副刊《妇女之路》第
7期，1940年8月12日。

② 邓颖超：《关于〈蔚蓝中的一点黯淡〉的批判》，《新华日报》副刊《妇女之路》第
7期，1940年8月12日。

③ 周恩来：《论"贤妻良母"与母职》，《新华日报》副刊《妇女之路》第38期，1942
年9月27日。

④ 周恩来：《论"贤妻良母"与母职》，《新华日报》副刊《妇女之路》第38期，1942
年9月27日。

最终融入社会，是女性同胞们自我解放的艰辛历程。置于特殊的历史时期，人们对贤妻良母的概念模糊不清，其讨论贤妻良母主义之时会主观地变换其内涵，故使得讨论欠缺一致前提，共识就难以达成。但客观地说，抗战时期关于贤妻良母的大论争，引发了全社会范围内众多阶层对女性问题的关注，有力地推动了中国的女性解放运动。

三、"女国民"以"国"为重

（一）如何成为"女国民"

随着"女国民"观念在思想舆论界的热烈讨论，妇女界也关注到这个议题。她们认为女性要成为完整的"女国民"应靠自身，为此，妇女界对成为什么样"女国民"，提出了各种要求。总结起来有五个方面。

1.培养女性的国家观念。亚特认为，中国的女子足不出户，只看到家庭、女红等琐事，专注求宠于男子，并不能为国民助一臂之力。但西方国家的女性却不同，她们中的一些人参与政党，有些参加各种社会救助活动。尤其在日俄战争期间，甚至连日本的下等娼寮都能典当首饰以资国家。亚特呼吁，中国女子应洗去旧传统的污染，以军国民的精神，展现高尚洁白的精神气质。

2.改变奴隶风气，培养独立性。当时的妇女界认为，女子之所以处于屈从的奴隶地位，有两个主要因素。其一，这是在男尊女卑观念影响下男性社会对女子压迫的结果。"矫揉其官骸，锢其智识，剥削其权利，奴之、物之、残之、贼之，不以人类相待。"①其二，这是在社会舆论和社会风俗影响下妇人的自屈。秋瑾生动地描述了在传统社会礼俗浸淫下中国妇女的生活状况，"足儿缠得小小的，头儿梳得光光的……一生只晓得依傍男子，穿的、吃的全靠着男子。身儿是柔柔顺顺的媚着，气虐儿是闷闷的受着，泪珠儿是常常的滴着，生活是巴巴结结的做着：一世的囚徒，半生的牛马"②。

女子只分利不生利，是当时流行的观念。"今我中国女子，有分利，无生利，少则待食于其父，长则待食于其夫，老则待食于其子。"③这就造成了女子要成为男子的附属品，久而久之就养成了"不以依赖人者为耻辱"的性格。国民之母孱弱、自卑、自贱，其养育出来的子女就不可能是堂堂国民。要改变国人的奴隶性必须要铲除妇女的奴隶性。要铲除妇女的奴隶性就要吸收西方"天赋人权"和"男女平等"的观念。当时的妇女界要同胞们"猛自省，急自治，发其大愿力，大慈悲，大感情，抖擞精神，改造性质，使千百年前已失之权利，一旦竞争而恢复之。于是对于男子而不亢不卑，对于国家而尽劳尽爱。推倒独夫椅，珍重千金躯，二十世纪

①《论三从》，载《女报》临时增刊：《女论》，1909年。

②《敬告姊妹们》，《秋瑾集》，上海古籍出版社1979年版，第14页。

③ 张枬、王忍之编：《辛亥革命前十年间时论选集》第1卷，生活·读书·新知三联出版社1960年版，第932页。

大好之女儿国，莫谓雌风不竞焉"①。女子发达之日即是国民母发达之日，国民母发达之日即国民发达之日，国民发达之日即国家发达之日。

3.树立自由平等的意识。女人守节的问题是当时讨论比较热烈的问题。有人强烈抨击女人守节，但也有人提出守不守节是女性个人的自由，应该由自己选择。"守与否，悉听其自为计，亦岂他人所能强之乎？"②"守节者可以表率国民坚忍不拔之气概，有再醮者亦多一人尽女国民之义务也，何必过为轩轾！"③所以守节不可强求，如有守节者，社会应当抚恤她们。不过，总的来说，要求女子守节，是违反男女平等精神的。"试问天下男子，有一人为女子守节者否？冢土未干，新人在抱。凡若此者，滔滔皆是。而妇女丧夫，则必终其身不嫁，岂公理哉！况以他人而强其守节，不更野蛮之甚耶？"④

4.培育合群意识。当时的女性意识到要想争得与男子同等的地位，单靠女性的个人奋斗是不够的，还要发挥群体的力量。张竹君认为，中国妇女千年来的不幸，一是男子的压制，一是女子的放弃。女子放弃的表现是"不知学"和"不

---

① 张枬、王忍之编：《辛亥革命前十年间时论选集》第1卷，生活·读书·新知三联出版社1960年版，第932页。

② 张枬、王忍之编：《辛亥革命前十年间时论选集》第3卷，生活·读书·新知三联书店1977年版，第486页。

③ 张枬、王忍之编：《辛亥革命前十年间时论选集》第3卷，生活·读书·新知三联书店1977年版，第486页。

④ 张枬、王忍之编：《辛亥革命前十年间时论选集》第3卷，生活·读书·新知三联书店1977年版，第486页。

能群"。吕碧城也指出："不结团体，女权必不能兴，女权不能兴，终必复受家庭压制。"[1]事实上，不仅争女权需要结为团体，一个国家的人民为争取公民权同样也需要结成团体。近代出现的宪法之治正是不同集团利益争夺和讨价还价的结果。宪政国家为了保证公民权利的实现，其宪法中都规定了公民的结社自由。西方国家形形色色的压力集团对维护公民自身的权利起了重要作用。在合群观念的引导下，组织妇女群体蔚然成风。据不完全统计，辛亥革命前后由知识女性组织的各种团体约有35个。各式各样的妇女团体为争取女权、为恢复国权、为社会福利、为改变陋俗开展了各式各样的活动，如集会演说、救助贫困、兴办实业，等等。尽管这些妇女团体人数少、存在时间短，有些团体的组织还比较松散，但它们表明了长期为纲常伦理所束缚的中国妇女开始有了一定的主体意识和社会意识。

5.冲破家庭的牢笼。有些知识女性已经意识到政治革命与家庭革命的关系，家庭成员之间、社会成员之间的平等关系，因此提出了以争取夫妻平等为主要内容的女子"家庭革命说"。"欲造国，先造家；欲生国，先生女子。政治之革命以争国民全体之自由，家庭之革命以争国民个体之自由，其目的同。政治之革命由君主法律直接之压制而起，女子家庭之革命由君主法律间接之压制而起。其原因同。"[2]中国女子

---

[1] 吕碧城：《女子宜结团体论》，载《中国女报》，第2期，1907年。

[2] 丁初我：《女子家庭革命说》，转引自李又宁、张玉法主编：《近代中国女权运动史料（1842—1911）》上卷，台北龙文出版股份有限公司1995年版，第692页。

受家庭的约束甚重，从家庭中解放出来尤为重要。家庭也是
个人社会化的重要渠道，国民的社会化从家庭始。妇女在家
庭中处处居于屈从地位，在社会上就不可能成为堂堂正正的
公民；儿女受家庭风气的熏陶，也就不可能养成平等、独立
的精神。培养公民品格从家庭开始，无疑是很有见地的。关
于未来妇女的角色定位及女子教育的目标，《女界钟》提出了
八条标准：

> "教成高尚纯洁完全天赋之人；
> 教成摆脱压制自由自在之人；
> 教成思想发达具有男性之人；
> 教成改造风气女界先觉之人；
> 教成体质强壮诞生健儿之人；
> 教成德性纯粹模范国民之人；
> 教成热心公德悲天悯人之人；
> 教成坚贞节烈提倡革命之人。"①

　　这八条标准，实际上也就是当时的一些知识女性自我塑
造的标准，是女子作为国民的标准。追求妇女的权利自由不
仅表现在思想理论上，而且已经成为少数女性的行动。1904
年，广东顺德发生了这样一件事，一位叫梁保屏的女性，曾
为早逝的未婚夫守节8年，后结识一男子，恐双方父母不允，
遂双双赴香港登记结婚。如果说古代的私奔是可歌可泣的勇

────────────

① 转引自谈社英：《中国妇女运动通史》，南京女子共鸣社1936年版，第5页。

敢行为，那么近代寻求法律认可和保护婚姻则体现了近代妇女的权利观念和权利保护意识。在文明风气的熏陶下，自由择偶在一些受过教育的青年人中成为一种风气。"父母之命"不再有绝对的权威，"媒妁之言"也不再有绝对的影响力。自由择偶，并征求父母的同意成了当时社会舆论的一种倾向。在当时，离婚也不再是男人的一种特权。1903年，无锡有一女学堂的女教员就明确提出要解除由家兄指定的婚约。1906年，天津有一女子婚后发现男方性无能，提出退婚并获得官方批准。1909年，一离异后的妇女在得知外国离婚妇女的权利后，向县、府直至江宁藩司提出诉讼，要求取得子女抚养权和赡养费。如此看来，追求个人幸福的权利意识已经逐步渗透到少数女性的意识中。

（二）要享受权利，先尽义务

无论是在戊戌维新时期还是辛亥革命时期，关于女性解放的思想，大体上还是重义务轻权利。新文化运动时期，知识分子们在讨论"女国民"观念和贤妻良母主义的问题上更侧重于女性的权利问题，然而随着北伐战争的爆发和日本帝国主义的侵略，民族危机使得无论是男人还是女人都将国家摆在第一位置。尽管越来越多的女性也讲权利、自由和独立，但总体上，作为个人的生命价值还不是当时女性解放思想的主流，正如程卫坤所认为："在一些西方国家，妇女的解放是以个人为基本单位，为此，走向了与民族主义相反的目标——个人主义，然而中国的活跃分子却提出了民族主义的女性解放主张，这样就把她们的要求限制在民族主义的思维框架中。"①过去重女子对男子、家庭的义务，如为男子传宗接代，侍奉公婆等，现在则要求女性应该为国家尽义务。生儿育女、尽家庭之义务是间接报国，走出家庭、参加革命及参政是直接报国；谋求生存能力，"各执一艺"，也是为国"生利"。

其实，在20世纪初流行的"国民之母"一词正是女性重义务的一种体现。女性既是国民，同时又是"国民之母"。一些知识女性提出，"国民之母"在培育高素质国民、开导社会新风气上，承担着比男国民更重的责任。其理由是：

其一，"国民"由"国民之母"所生。国家要富强，全靠人才，而人才是女人生的，"人才两个字，可就都靠在女人身上了"②。

其二，"国民之母"在培育新国民上起着根本的作用。国民教育要从胎教开始，母亲所思所为对胎儿的发育乃至未来的成长有着重要作用。人当有生，而后一事一物，无不取决于母，如普通之言语，寻常之礼仪，本分之劳动，勤劳之习惯，善武基础，实出于此"③。所以要创造新文明，必先从女子开始。这种思想很大程度上受梁启超贤母良妻思想的影响，

---

① Wei Cheng, "Going Public Through Education: Female Reformers and Girls' School in Late Qing Beijing", Late Imperial China, Volume. 21, NO. 10, Baltimore: Johns and Hopkins University Press, 2000, p113.

②《女子为国民母》，转引自李又宁、张玉法主编：《近代中国女权运动史料(1842—1911)》上卷，台北龙文出版股份有限公司1995年版，第606页。

③《论文明先女子》，载《东方杂志》，第4卷第10期，1907年。

不同的是，这里的"国民之母"不是仅能接受普通知识的"第二性"，而是有着同男子一样的智识和权利，有同男子一样的最一般的角色——国民。

其三，女子掌管家庭，家庭影响社会。柳隅提出：中国组织以家庭为单位，而不是以个人为单位。因此，中国社会的势力来自家庭；而家庭的权利又操于女性之手。女性为什么能够持家庭大权，一是中国尊崇孝行，子听命于母；二是女性之柔可以制男性之刚。家庭是社会的单位，家庭由女子支配，整个社会也就受制于女子，所以，"女子之关系于国家兴亡，实比男子为较大；即女子之应尽对于国家之责任，亦比男子较为重也。故今日而言改革政治、改良社会，吾深有所期望于我同胞"①。她进而指出："今日欲改良社会，其第一着必恃乎教育。而国民之教育，其根本实系于母仪也。"②她所提出的家庭权利操于妇女之手的观点实际上否定了传统的"三从"说。事实上，我们过去仅从"三纲五常"和"三从四德"的道德规定就推出我国女性在现实的家庭生活中就一定处于被动屈从的地位，是不准确的。现实生活是复杂的，不同的家庭，男女的地位是不一样的。此外，在古代社会，既有"夫死从子"的道德劝诫，又有"孝"的张扬，表明母亲在儿子（成年的或未成年的）面前并不总是被动的。在传统的一些家庭中，确实有权利操于女子手中的现象，不过，

---

① 张枬、王忍之编：《辛亥革命前十年间时论选集》第3卷，生活·读书·新知三联书店1977年版，第834页。

② 张枬、王忍之编：《辛亥革命前十年间时论选集》第3卷，生活·读书·新知三联书店1977年版，第834页。

以此断定古代家庭由妇女支配的一般的结论，显然又是以偏概全。不过，尽管女子在家庭掌握大权的判断不一定准确，以柔克刚更是似是而非，但作者为了证明妇女责任重大的良苦用心，我们还是能够理解的。

当时，有一首《女子唱歌》很能说明以国家利益为重的"女国民""国民之母"特征：

"勤操练，强体力，勤学问，明公德，我虽女子亦衣食，同为国民宜爱国，当兵是天职，辞之不得。

批荼女，玛利侬，彼何人，竖奇功，中华女界长昏蒙，怪云莽荡来无穷，谁为女英雄，我泪欲红。

缠足苦，苦无比，伤我妹，伤我姊，强种必自放足始，龙母他年产龙子，女子从此始，实属可恃。

妻待妾，意莫逞，姑遇媳，理宜并，脱离魔境入佛境，压力千钧一朝倾，尔我原平等，大家修身。

人不学，犬与俦，团圈中，无州求，从弃贞性被幽囚，女子将参政权全收，毋为历史羞，复我自由。"[1]

要享受权利先尽义务，这是当时一些知识女性共同的想法。在民族危机日益加深、专制阴霾迟迟不散的中国，很多知识女性义无反顾地参加到反帝反专制的洪流中。拒俄运动、保路运动、反美爱国运动、国会请愿活动、辛亥革命中都能看到妇女的身影。1907年，苏州女界保路会为拒外债而集股，

---

[1] 天梅：《女子唱歌》，见《〈觉民〉月刊整理重排本》，第76页。

妇女纷纷响应,有的脱簪珥买股,有的典当家产买股,并派代表赴北京运动。[1]常州女界保路会某次集会,到会者多达二百多人,认买一千五百股。[2]甚至有一沦落女子也发招股传单:"路权一去,命脉尽绝,凡我姊妹,亦宜固结团体,不可放弃权利,虽非国民,谁无热忱,为今之计,惟有各尽心力,踊跃认股。"[3]西江女界为争缉捕权不落外人之手,集会声援:"主权一失,亡可立等,亡国之惨,女界比男界尤甚,我女界亦国民一分子,当联络团体合力坚拒。"[4]辛亥革命期间,一些妇女组织了名目繁多的军事团体或战争后勤团体,如女子革命军、女子北伐队、女子军事团、女子暗杀团、同盟会经武练习队、广东女子敢死队、广东女子北伐炸弹队、湖北妇女北伐队、女子救助团体等。这些女子表现出一种强烈的自我牺牲精神。

四、小结

从戊戌维新时期到五四新文化运动时期再到抗日战争时期,关于"女国民"观念的探讨以及贤妻良母主义的论争一直在延续。在这样的启蒙背景下,一些女性先觉者开始设想如何成为完整的"女国民":自然是既享受权利,也要尽义务。然而在内忧外患的年代,在民族存亡之际,女子的社会

---

[1] 相关报道载《中国日报》,1907年10月23日。

[2] 相关报道载《中国日报》,1907年10月20日。

[3]《中国日报》,1907年10月24日。

[4]《中国日报》,1907年10月22日。

义务理所当然被摆在了首位，这是毋庸置疑的。那么除了应尽的社会义务，女子究竟应享受到哪些权利呢？这也是启蒙亟待进一步解决的问题。于是，兴女学、争女权又随之成了启蒙知识分子们探讨的重心。

第三章　兴女学与争女权

　　晚清时期的妇女观随着西学东渐的影响逐渐与传统观念相背离，而后出现的新意识、新观念成为支持近代女性接触新事物、改变生活状态的根基。在西方传教士及中国启蒙人士的宣介下，当时较为平等的欧美社会形态，对长期接触受儒家学说影响的知识分子来说，无疑具有巨大吸引力。"平等"法言逐渐取代"平均"术语，平等意味着消除人为的等级差别，那么改变男尊女卑的两性关系也就是顺理成章了。于是，在女性的社会定位问题争论得如火如荼之时，"如何实现男女平等""女国民应享受哪些权利""如何挽救民族危机"等类似相关的问题再次被提上议程。女学堂的创建，是改变中国女性生活、促进中国女性解放的一大创举。男女同校制的施行，使得男女受教育机会平等的主张获得了实现的基础。女报的产生，是女性独立意识开始觉醒的标志。而关于从男女平等到男女平权的探讨、无政府女权主义的产生和发展以及女学女权何者优先的争论，更显现了启蒙的进一步推进。

一、女学的出现和兴起

(一)女子学堂的创办

随着西方文化的传入与刺激,近代中国女性的生活中出现了诸多外来的、充满活力的新思想、新事物,这与根植于中国民众脑海中数千年的旧观念进行着冲撞、摩擦,使得晚清中国女性的生活充满着不同往昔的景象。

女学堂的创建,便是改变这一景象的重要事件。英国传教士阿尔德赛在宁波开设了中国大陆的第一所女学堂,此后外国传教士又在沿海五个允许通商的城市开设不少女子学校,据《中国基督教教育事业》卷三所言:"于一八四四年至一八六〇年之间,又有十一教会女学校,设立于此通商之五埠焉。"[①]在日后倡导女学的维新人士每谈及此事,都深以为耻:"彼士来游,悯吾苦溺,倡建义学,求我童蒙,教会所至,女塾接轨。……譬犹有子弗鞠,乃仰哺于邻室;有田弗芸,乃假手于比耦。匪惟先民之恫,抑亦中国之羞也。"

有识之士认识到兴办女学为当务之急,且认为若要让女子教育持久地推广,则必须由国人自己来兴办。梁启超于1897年在《变法通议》的《论女学》中阐述女子教育的重要性,他认为"天下积弱之本"是"妇人不学",只有女子学有

---

① 中国基督教教育调查会:《中国基督教教育事业》,商务印书馆1922年版,第232页。

所长，能够自养，中国方能富强，这也代表了维新派在女学问题上的基本观点。在提出观点之后，维新派的一众有识之士就积极进行实践操作了，先是发表了《倡设女学堂启》，接着刊出《女学堂试办略章》①（又名《上海新设中国女学堂章程》），由此也正式开启中国第一所女子学校——中国女学堂的筹办。

《上海新设中国女学堂章程》最突出的内容，为课程设置的"中文西文各半"，故提调亦分聘华妇、西妇各一。从重视外文，科目分算学、医学、法学、师范四类，以及"仿照西国书院章程，略为减收"学费，援引"西国义举，多有认年捐月捐之例"定捐款办法②，这里充分显示出西方的影响。即使是学校的建筑布局，也不例外，学校里的各类布局均按照外国格式，整个宿舍的设施也相当完备，"每房安置四床，床皆有帐；床前有茶几、靠椅各一；每房有公用衣厨一、面架一。"③如此布置，与发起人陈季同的西学背景自有很大关联。其留法经历，加上经元善的上海电报局总办资格，为中国女学堂的西化色彩提供了合理的解释。再者，女学堂本就是西方"舶来品"，国人自办之初，不可避免地会留下模仿的痕迹。

不过，中国女学堂的创办者，仍然有意识地努力突出本国特色。章程第一条所规定的"学堂之设，悉遵吾儒圣教，

---

① 刊《新闻报》，1897年11月18日。

② 《上海新设中国女学堂章程》，《时务报》47册，1897年12月。

③ 《女学先声》，《湘报》124号，1898年8月10日。

堂中亦供奉至圣先师神位",即力图予人延续传统的先入为主印象。由于中国女学堂这种明确的尊孔倾向,章程中已公之于众的聘请留美归来的康爱德、石美玉为西文教习之约,最终并未实现,两位女士以受洗为基督教徒、宗教信仰不合的理由,拒绝合作①。能够体现传统影响的另一规定,就是严守男女之别。"凡堂中执事,上自教习、提调,下至服役人等,一切皆用妇人。严别内外,自堂门以内,永远不准男子闯入。"但令人遗憾的是,本应为强调女性为主体的女学堂办学,在当事人做来,可能就是为了预防他人非议而做,实际上是让步于旧势力。直到蔡元培等人1902年创办爱国女校时,才将此规矩打破,在女校师资不足时,蒋维乔、叶瀚等男教员也提供义务兼课。②

中国女学堂的出现,标志着中国女子社会化教育的开端。在上海创办的中国女学堂由于受到戊戌变法失败的影响,于1900年关闭。虽然其存在的时间很短,但并未减损首开风气之意义。女子教育作为女性解放的一部分,与不缠足本是同体连枝。因此,几乎所有女学堂都明文反对缠足,这恰恰也加快推动了废缠足运动的进程。

中国女子教育事业在民间人士的大力推动下呈蒸蒸日上之态势,已具备一定的规模,根据相关史料,林乐知统计1902年前后中国基督教会学校女生人数为4373名,清朝学部

① 参见褚季能:《第一次自办女学堂》,《东方杂志》32卷3号,1935年2月。
② 参见蔡元培:《我在教育界的经验》,《宇宙风》55期,1937年12月。

1907年统计全国女学堂428所，学生15496名。[1]从这些数字可以看出女子教育进展迅速，除沿海城市外，直隶、四川的女学发展也颇为可观，得益于地方绅商的热心支持，均发展超过两千余数的学生。

在当时全社会兴起办女学的热潮下，清廷尚持"中国此时情形，若设女学，其间流弊甚多，断不相宜"[2]的立场，只是到了1907年3月，不得不顺应时势，发布了两个重要章程文件，即《女子小学堂章程》与《女子师范学堂章程》，承认了女学堂的合法性，将其纳入正规的教育系统中。几年之间官方态度的巨大变化，只能以民间办学的成功与时论的压力来解释。尽管在清朝政府，女学堂章程的制订不过是顺水推舟，但对于各地女子教育的发展，仍有实际的推动作用，因为它提供了一种允诺的法律保障。两个章程都明确规定："开办之后，倘有劣绅地棍造谣污蔑、借端生事者，地方官有保护之责。"[3]尽管政府也参与开设女学堂，但其与民间办学的思想还是有较大出入，因为即使民间各流派创办的学堂，办学宗旨也不尽相同。比如维新派创办的女学堂核心宗旨是"为大开民智张本，必使妇人各得其自有之权"[4]，而革命派

---

[1] 林乐知：《全地五大洲女俗通考》第十集下卷，第34—35页，上海广学会，1903年。《光绪三十三年分第一次教育统计图表》，学部总务司，1907年；采自《光绪三十三年(1907)全国女子学堂统计表》，朱有瓛主编《中国近代学制史料》第二辑下册，华东师范大学出版社1989年版，第649—650页。

[2]《蒙养院章程及家庭教育法章程》，第1页，《奏定学堂章程》，1904年。

[3]《女子小学堂章程》《女子师范学堂章程》《奏陈详议女学堂章程折》，《学部官报》15期，1907年3月。

[4]《上海新设中国女学堂章程》，《时务报》47册，1897年12月。

创立的爱国女学堂则"以增进女子之智、德、体力，使有以副其爱国心为宗旨"[1]，具有更加鲜明的政治色彩。值得一提的是，广东香山女学堂别具一格，是为"天赋之权利，尔当享之；人类之义务，尔当尽之。尔当勉为世界之女豪，尔毋复作人间之奴隶"[2]，其育人目标是要求能在世界范围争胜，而非仅限于培育合格的女国民。而反观《女子师范学堂章程》，其办学宗旨是"期于裨补家计，有益家庭教育"，仍然强调尊崇传统妇德，如有"中国女德，历代崇重"之言。可见，封建传统势力虽然容许新式女学堂的开设，实质是偷梁换柱，新瓶装旧酒，在传授西方自然科学的表象上，灌输三从四德的传统妇学糟粕。

基于此，以柳亚子为代表的激烈派人士认为此乃教育界的腐败，严正批判"愿得贤母良妻之一资格"的教育方式，并疾呼道"虽教育普及于女界，亦徒为男子造高等之奴隶而已，宁有益哉！宁有益哉"[3]，对封建旧势力妄图以家庭教育取代社会教育，进而培养贤妻良母，而非培养国民的卑劣动机予以揭露。晚清女子为争取入学与办学权利，进行过艰辛甚至可以说是悲壮的奋斗。民间办学往往热心有余，财力不足。倘若没有当地官员或是绅商的鼎力支持，便难逃旋生旋灭的命运。在如此困难的条件下，民间智识者砥柱中流，勉

---

① 《爱国女学校甲辰秋季补订章程》，《警钟日报》，1904年8月。

② 《香山女学校学约》，《女子世界》7期，1904年7月。

③ 安如(柳亚子)：《论女界之前途》，《女子世界》2年1期，1905年6月。《女子世界》自第10期起不注发行时间，本章根据栾伟平《清末小说林社的杂志出版》(《汉语言文学研究》2011年1期)补记。

力支撑，才打开了一片天地，为中国女子教育事业奠定了最初的基业。

（二）男女同校

经过有识之士的努力，女学堂的设立得到了各方的认可，但随之而来的男女同校问题，因与中国传统理念冲撞，再次引发了社会的广泛关注。晚清时期，虽然以教会学校为主的各级学校已经实行部分的男女同校，但《女子小学堂章程》中明文规定"女子小学堂与男子小学堂分别设立，不得混合"[①]，可见要实施男女同校，仍有很大的阻力。

当时，有的知识分子认为男女同校的时机尚未成熟，"男女同学，今日吾国断不可行"[②]，但如果置于将来考虑，未尝不能得以实行，"男女同学之举，迟至数十年后，文明之程度日进，学校之声誉益隆，未始不可步英、美之后尘"[③]，持这种观点的人士在当时不在少数，但期以"数十年后"，未免过于悲观了些。

男女同校作为冲击传统观念的教育方式，遭遇了传统势力的顽固抵抗。考虑到教育事业横跨较长年龄段，逐项推进是实现男女同校的最佳方式，有识之士便从小学堂开始发声推行主张。《教育杂志》主编陆费逵就以童幼无知、情窦未

[①]《女子小学堂章程》《奏陈详议女学堂章程折》，《学部官报》15期，1907年3月。

[②] 孙雄：《节录女学刍议三则·论男女同学之利弊》，《北洋学报》13、19期，1906年。

[③] 孙雄：《节录女学刍议三则·论男女同学之利弊》，《北洋学报》13、19期，1906年。

开、同学无妨为理由，替十二岁以下的初等小学堂应当男女同学的主张进行辩护，其认为"髫龀之年，有何妨碍！吾国社会风气，小学堂男女共学，固未尝绝对的反抗"[1]。他还提出了"不令男女共学，是无异于不令女子受教育也"[2]，作为驳斥反对男女共学者的有力论据。

其实，关于男女同学的问题，一直有反对与赞成两种主张。介于二者之间，又有由不尽赞成与不尽反对者构成的缓进派，与赞成者的急进立场及反对者的保守立场适成三足鼎立。两极端不必说，最可注意的是缓进一方，在中国近代学制改革中，真正起作用的实为此派力量。所谓"不尽赞成者"的意见是："小学与大学可以男女同学，至中等程度之学校，学生正在青年，血气未定，宜从缓议。如必欲实行，则宜同校不同级。"所谓"不尽反对者"的看法为："男女同学，只能限于小学一部分，至中学程度以上之学校，不可盲从。"[3]在男女同校小学则可、中学则否的共识基础上，二者的差别只在入学如何处置上。

小学男女同校的制度化，是在1912年1月，时任中华民国临时政府教育总长蔡元培主持通过了《普通教育暂行办法十四条》。作为新政府的教育体制，其相对于清代学制的一大进步便是规定"初等小学校，可以男女同校"[4]，虽然其后公布的《壬子学制》，说明了初等小学校的年龄段为六至十岁，

---

① 陆费逵：《男女共学问题》，《教育杂志》2年11期，1910年12月。
② 陆费逵：《男女共学问题》，《教育杂志》2年11期，1910年12月。
③ 贾丰臻：《男女同学问题》，《教育杂志》12卷2号，1920年2月。
④《普通教育暂行办法十四条》，《临时政府公报》4号，1912年2月1日。

不过此举已经是在呆板的旧体制中开辟了新图景。之前就早有此议的陆费逵极力称赞此举，谓之"合乎教育原理及吾国人情风俗，较之前清进步多矣"①，同时其也透露出，男女同校碍于人情风俗，障碍仍未消除的信息。八年之后，北京大学首次招收了女生。当时虽然已有私立大学男女同校了，但作为国立大学、在国内有着举足轻重地位的北大向女生开放，这在全国上下引起了强烈的震动。

在 1900—1901 年，当时蔡元培虽一贯强调男女人格平等，但是尚抱持着"男之与女，内外分职"的见解，认为"我国女权尤稚"，所以当时设计女学课程以"不可不受之以渐"为原则，其课表"详家事而略国政者以此"。十几年之后，蔡元培对于女子受学课程的看法已截然不同，1919 年 3 月他发表题为《贫儿院与贫儿教育的关系》的演说，从育婴堂入手来讨论女子教育问题："外国的小学与大学，没有不是男女同校的。美国的中学，也是大多数男女同校。我们现在除国民小学外，还没有这种组织。若要试办，最好从贫儿院入手。院中男女生都有，但男生专作木工、毡工，女生专作烹饪、裁缝，划清界限，还不是男女同校的真精神。最好破除界限，不论何等工作，只要于生理上心理上相宜的，都可以自由选择，都可以让他们共同操作。要是试验了成绩很好，那就可以推行到别的学校了"②。

蔡元培的想法推进得很快，并非一定要等到贫儿院的试

---

① 陆费逵：《新学制之批评》，《中华教育界》2 卷 1 期，1913 年 1 月。
② 蔡元培：《贫儿院与贫儿教育的关系》，《北京大学日刊》，1919 年 4 月 26 日。

验成功，才考虑解除大学的女禁。半个月后，他在天津青年会演讲时，已将男女同校的话题引向大学。他严厉批评了中国的教育制度："言女子教育，则高等学校既不许男女同校，又不为女子特设。视各国战前之教育，尚远不逮。"①大学的男女同校因此成为教育革新必须解决的紧迫问题。

1919年10月，《少年中国》杂志出版"妇女"专号，专门约请胡适就"大学开女禁问题"发表意见。胡适自然是"主张大学开女禁的"，不过应循序进行。胡适认为应当经过——大学聘请有学问的中外女子任教；招收女子旁听生；添办女子大学预科，使女子中学课程与大学预科相衔接三个步骤，并称"这几层是今日必不可缓的预备"。其中最可注意的是旁听生一节，大学开女禁正是以此为突破口，胡适在解释"为什么要先收女子旁听生"时，主要有两方面的考虑：一是旁听生不需要限定预科毕业才能听，因为当时无女子大学预科，最简洁的能衔接大学本科的方法就是旁听；二是如果旁听生能将正科生所需的课程学完，并且能够考试通过，如此在毕业阶段，旁听生也可消泯与正科生的差别，获得同等资格。胡适利用现行规章制度的说法，无疑对蔡元培的最终决定很有启发。1920年2月，第一批女生以旁听生的身份进入北大哲学系与英文系学习，首开国立大学招收女生的先例。当年暑假，北大正式通过招考，录取本科女生。

从提出男女同校，到实行兼收女生，是蔡元培的男女平权思想在教育领域的显现。回溯这一过程，蔡元培面对的不

---

① 蔡元培：《欧战后之教育问题》，《北京大学日刊》，1919年4月19日。

仅有教育的规约，更有社会保守势力的非难。正如他曾经在演讲时所言"试办男女合校时，有许多人反对"[1]，已隐约透露出个中消息。男女同校实现的历程着实不易。王世杰追忆，"男女同校制普遍实现以后，所谓男女教育机会平等的主张，便得着了一个广大的基础。这是蔡先生所领导的一种思想革命所给予全国妇女界的一种实惠。这是何等的实惠"[2]，男女同校使得中国的教育制度迈进了一大步，时人誉之为"民国教育史上一个大纪元"[3]。对中国妇女解放运动史和中国教育制度变迁史来说，都是一个重要的里程碑。

（三）女子学报的创生

伴随着女学堂的出现，接受新式教育的女子愈来愈多。为满足这部分社会人群的需要，一批主要以女性读者为对象的报刊应运而生。这在近代报界别具一格，引人注目。

近代报刊原本是西学东渐的产物，最初由传教士操办，后来中国文人士大夫接续自办，早期主持编刊的都是男性。第一个参与报刊编务的女子是裘毓芳[4]，其参与的报刊是在"百日维新"前诞生的《无锡白话报》，后改名《中国官音白话报》。有学者评价她，"我国报界之有女子，当以裘女士为第一人矣"[5]。她在刊物上报道过《女学将兴》，连载过由其衍述的《〈女诫〉注释》，可以说较之一般男子主办的报刊，《无锡白话报》对女性话题给予了更多篇幅，但其女性色彩还比较有限，与后来讨论女性问题为主的女报尚有很大差别。

女报的产生，是女性独立意识反映于报界的标志。现今已知的第一份女报，是由国人自办的第一所女学堂——上海中国女学堂的主持人创办的。从1898年5月17日开始，《新闻报》就连续刊出《中国女学拟增设报馆告白》：

"中国女学不讲已二千年矣。同人以生才之根本在斯，于是倡立女学堂，现定四月二十日开塾，已登报告白。……更拟开设《官话女学报》，以通坤道消息，以广博爱之心。"①

这说明在中国女学堂开学前，诸位办学同仁已在筹划出版《女学报》。而《女学报》的举办，显然是为了弥补中国女学堂局限一地之不足，"女学塾幸已观成，因又有《女学报》之举"②，从而将女学精神推广至全国。

《女学报》"公聘笔政"，集思广益，征求对象包括"中西贤淑名媛"，与女学堂的邀请四方妇女共襄盛举同义。这使得报刊一问世便具有高品位。撇开白话、文言之争不谈，单就报名而论，《女学报》确实言简意赅，醒人耳目。其出名为中国女学会主办，又意在将女学堂"推行各地"，因而"每期附录女学堂事数则"③，使该刊兼有中国女学会会刊与中国女学

---

① 《知新报》自55册(1898年6月9日)起、《湘报》自87号(1898年6月15日)起，亦连续刊登此广告。

② 沈瑛、魏媖、李端蕙、廖元华、刘靓、蒋兰：《中国女学会致侯官薛女史绍徽书》，《知新报》59册，1898年7月。"魏媖"原误作"魏瑛"。

③ 《本馆告白》，《女学报》1期，1898年7月24日。

堂校刊的两重性质。主笔之一潘璇的概括最精妙：

"这女学会、女学堂、《女学报》三春〔桩〕事情，好比一株果树：女学会是个根本，女学堂是个果子，《女学报》是个叶，是朵花。……那女学会内的消息，女学堂内的章程，与关系女学会、女学堂的一切情形，有了《女学报》，可以淋淋漓漓的写在那里。"①

正是因为这种三位一体的关系，《女学报》不只讨论与妇女相关的各种问题，而且配合教学，刊载的内容涉及格致、修身、汉文、洋文、绘画、音乐、算学、裁缝等科目。②1898年7月24日，《女学报》正式创刊发行，主笔人是沈瑛（和卿）、康同薇（文僴）、裘毓芳（梅侣）、薛绍徽（秀玉）、潘璇（仰兰）、蒋兰（畹芳）、刘靓（可青）等，大多都与中国女学堂相关联，且均为女性。其英文刊名为"*Chinese girl's Progress*"，显示出《女学报》同仁以女性先觉自居的自我定位与自豪感。这份情怀又因《女学报》为中国最早由女子自办的报刊而愈加强烈。

女报问世后，虽屡扑屡起，终不绝于世。据徐楚影、焦立芝所作《中国近代妇女期刊简介》，1898—1918年间出版的妇女杂志（包括部分报纸），现在已知的即有五十余种（间有重复及未出者）。其中辛亥革命前创刊的二十几种报刊中，影响较大的除上述《女学报》外，尚有《女报》（1903年2月起易名《女学报》）《女子世界》《中国女报》《中国新女界杂

① 潘璇:《上海〈女学报〉缘起》,《女学报》2期,1898年8月3日。

② 参见潘璇:《上海〈女学报〉缘起》,《女学报》2期,1898年8月3日。

志》《天义报》《神州女报》《女报》《妇女时报》等。其中，《妇女时报》于1911年6月发刊，基本属于民国时期的刊物，故以下不论。此外，由于女报的主持者及特定的办刊宗旨，当时女报的革命色彩都较为强烈。

从最早的《女学报》开始，女报便以"提倡女学"①相号召。其偏重女子教育的内容安排，正体现了这一用心。同时，《女学报》也很关注女权问题。女学和女权在同一批倡导者心中，是不可分割的。在《女学报》之后的众多女报，虽各有其思想倾向，"若《天义》，则创无政府主义；若《中国新女界杂志》，则创国家主义"②，而女学与女权并重的办刊宗旨，仍为大多数女报所奉行。其中尤以《神州女报》和《女报》共通的"提倡中国女学，扶植东亚女权"③的说法最为简括。从女性教育入手，最终达到对于女子参政的要求，这一近代妇女运动的历程，在女报中也有完整的体现。

除女子教育之外，女报也关心包括家庭婚姻、社会习俗、时事政治等诸多问题。作者们的主张也涵盖着婚姻自由、家庭革命、经济独立等各个方面，同时从反对缠足、批判三从四德开始，鼓励女子参与国事，培养女国民意识，直至争取到参政权。每有重要事件发生，女报都代表女界及时发言，如拒俄运动中刊登的《拒俄同志女会之议案》，反对华工禁约中见报的《妇女社会之对付华工禁约》，拒款保路风潮中出现

---

① 《〈女学报〉告白》，《中外日报》，1898年10月6日。

② 记者：《〈神州女报〉发刊词》，录自《磨剑室文录》上册，第196页。

③ 丁守和主编：《辛亥革命时期期刊介绍》第3集，人民出版社1983年版，第402页。

的《为路权事警告女界》及《劝女界节费购铁路股票小启》①等。为了给中国妇女界提供借鉴，各女报还大量刊载了日本女子学校章程、外国女杰传、欧美妇女为选举权及参政权所作的斗争等介绍。女权特别是女子参政意识的觉醒，实为晚清思想界留给现代女子解放运动最宝贵的遗产。

晚清女报一般以各地女学堂、妇女名人及女子社团的活动情况为报道热点。为了吸引更多的女性读者，使她们具有参与感，或者说是出于提供公共讲坛的考虑，不少女报在专门刊载编者与特约撰稿人文章的"论说""论著""社说"等栏目之外，还为一般读者开辟了发表意见的园地。当时女报读者多为女学堂学生，女报编者于是格外重视在开放性栏目中刊发女学生的文字。只是女子教育在晚清毕竟还属于新兴事业，因而小学堂的学生仍占受教育者的最大多数。这些粗通文理的女性，也构成了女报拟想读者群的主体。为适应其知识水准，有利于启蒙教育，大部分女报都力求通俗化，并以此形成鲜明特点。许多女报开设了"演说""唱歌"一类用通俗文字写作的专栏，比如《中国女报》《神州女报》《女报》开设了"唱歌"栏目或专题。此外，女报多载白话文，也是期望不识字的女子听读之用，如此一来读者范围更加广泛了。

令人叹息的是，各地女报几乎无一例外都遭遇到经济的困窘，夭折的也不在少数。秋瑾曾感慨，"从前有办报者，财

---

① 分见《女子世界》3期（1904年3月）、第2年2期（1905年9月）、《神州女报》1卷1号（1907年12月）、《中国新女界杂志》4期（1907年5月，实际大约7月刊行）。

力未充，遽行开办，往往有中止之弊"①，故"欲募集股金万元为资本，先固基础"②，打算"像像样样、长长久久的办一办"③，然而过了多日，"入股的除四五人外，连问都没人问起"④，这使她感到无比痛心。在那么艰难的环境里，女界先觉们仍勉力支撑，使女报在晚清能一脉相传，不绝于史，其道义精神与奋斗意志实在令人佩服。

二、女权思想的发展和流变

（一）从男女平等到男女平权

以康有为、谭嗣同和梁启超为代表的维新志士，一开始就较为关注男女平等的问题。康有为在其大同思想中，认为"合经子之奥言，探儒佛之微旨，参中西之新理，穷天人之赜变"的"齐同之理"，移之两性关系，则可论述为"男女平等之法"。⑤其在《实理公法全书》中认为中国古来的"男为女纲，妇受制于其夫"的"私法"，无益于人道，应当予以废除。⑥

---

① 秋瑾：《创办中国女报之草章及意旨广告》，《中国女报》第2期，1907年2月。
② 秋瑾：《创办中国女报之草章及意旨广告》，《中国女报》第2期，1907年2月。
③ 秋瑾：《敬告姊妹们》，《中国女报》第1期，1907年1月。
④ 秋瑾：《敬告姊妹们》，《中国女报》第1期，1907年1月。
⑤ 康有为：《康南海自编年谱》"光绪十年"条，楼宇烈整理《康南海自编年谱》(外二种)，中华书局1992年版，第12页。
⑥ 康有为：《实理公法全书》，楼宇烈整理《康子内外篇》(外六种)，中华书局1988年，第36、40页。

　　谭嗣同在其著作《仁学》中，斥责"重男轻女"为"至暴乱无理之法"，以致因此谓"中国虽亡，而罪当有余矣"，深恶痛绝之情溢于言表。他郑重宣布，"男女同为天地之菁英，同有无量之盛德大业，平等相均"；力陈"变不平等教为平等"乃孔、佛、耶三教共通之义，以之破"君为臣纲，父为子纲，夫为妻纲"的三纲"不平等之法"；认为只有将君臣、父子、夫妇、兄弟四伦尽以"平等""自由""节宣惟意"的"朋友之道"统贯之，才可享人生之乐、致天下大同，如此，方尽"仁"之义。①

　　康有为之女康同薇受其父亲的思想影响，在宣扬男女平等方面很是积极。她在《女学利弊说》一文中，为女子教育呼吁，认为女子受学，本是天经地义，"圣人辅相天地，而有生赖其拯。未有泽及草木，仁被禽兽，而教不逮于妇女者"②。梁启超于1897年作《变法通议·论女学》，痛陈君民、男女不平等的起源，认为"妇学实天下存亡强弱之大原"，实乃当务之急，不可轻缓。③在《倡设女学堂启》一文中，梁启超认为"圣人之教，男女平等，施教劝学，匪有歧矣"④，即女子应享有与男子无二的受教育权。

———————

　　① 谭嗣同:《仁学》之《仁学界说》《自叙》、十、二十七、三十、三十七、三十八诸节，蔡尚思、方行编《谭嗣同全集》（增订本）下册，中华书局1981年版，290—291、304、333—334、337、348—351页。

　　② 康同薇:《女学利弊说》，《知新报》52册，1898年5月。

　　③ 梁启超:《变法通议·论女学》[原题《论学校六（变法通议三之六）:女学》，采通用名，下同]，《时务报》23、25册，1897年4、5月。

　　④ 梁启超:《倡设女学堂启》，《时务报》45册，1897年11月。

"男女平等"在戊戌维新运动之前大都是停留在学理探讨方面，而在之后，随着越来越多的女性通过女报、女子团体等方式进入社会，男女关系就涵盖的范围来说比家庭伦理要宽泛得多了，对"男女平等"的认知也更深入、更切实际。

广东女学堂学生张肩任于1904年2月在《女子世界》上发表了《欲倡平等先兴女学论》，对兴女学提出了见解，与女学兴起之前相比，其认为要想真正实现男女平等，女子则必须具有独立的人格，而在其中经济自立便显得尤为重要。唯有通过教育获得相应的知识、技能，才有望实现经济自立，兴女学的意义也就在于此，也将男女平等从观念形态转化为事实形态。

当时多数知识分子比较赞成这样的观点，即教育的完善是男女平等即女权复兴的立足点，所谓"教育者，女权之复之备也"①。也有以柳亚子为代表的少数激进派，主张"男女平等""女权"的实现是无条件的，认为天赋人权，男与女本无差等，"中国女子，即学问不足，抑岂不可与男子平等！"戊戌变法前后形成的"男女平等"一语，后期逐渐被"男女平权"尤其是"女权"的说法所替代了，即"十九世纪民权时代，二十世纪是女权时代"②。

---

① 丹忱：《论复女权必以教育为预备》，《女子世界》2年3期，1906年1月。《女子世界》自10期起未标出版日期，据栾伟平《清末小说林社的杂志出版》(《汉语言文学研究》2011年2期)考证添补。

② 倪寿芝(实为柳亚子代笔)：《黎里不缠足会缘起》，《女子世界》3期，1904年3月。此文编入柳亚子《磨剑室文录》上册(上海人民出版社1993年版)之《磨剑室文初集》。

　　与晚清诸多新思潮类似，女权意识在中国的流传历程，是循着自西方借道日本再输入中国的。石川安次郎曾于1900年6月发表的《论女权之渐盛》是对西方女性状况所作的一篇短文介绍。虽是较为肤浅的描述，但在当时颇为新鲜。其认为西方"举世靡然从风，敬重女子，礼数有加，故其权日盛"[1]，还认为女权根基在于经济自立，"男女之竞争，创于十九周年……实为二十周年一大关键也"[2]。其后，马君武于1902—1903年间将斯宾塞和约翰·穆勒的女权学说进行翻译并发行，使得国人无需经由日本转述而直接接触到西方女权理论的原本。马君武本人极为重视女权革命，其赞颂穆勒是"女权革命之伟人"，称女权革命经典指导为穆勒的《女人压制论》。在译文《弥勒约翰之学说》一文中的第二节《女权说》结尾处，马君武论述道"凡一国而为专制之国也，其国中之一家，亦必专制焉；凡一国之人民而为君主之奴仆也，其国中之女人，亦必为男人之奴仆焉"[3]，认为女权革命尤为民权革命的基础，且两者密不可分。

　　经由石川安次郎的接引、马君武的译述，"女权"一词在晚清有识之士倡导男女平等时使用范围很广，甚至还出现在当时的诗作中，例如"争得女权能独立，大声唤醒国民魂"。[4]女权理论的引入，令当时的女性解放论者大为兴奋，

①　[日]石川安次郎：《论女权之渐盛》，《清议报》47、48册，1900年6月。

②　[日]石川安次郎：《论女权之渐盛》，《清议报》47、48册，1900年6月。

③　马君武：《弥勒约翰之学说》第二节"女权说"，《新民丛报》30号，1903年4月。

④　仰文：《赠吴弱男女士》其一，《女子世界》7期，1904年7月。

甚至还高呼"女权万岁"[①]。由"男女平等"到"男女平权",再直指女权,也不单再是学理问题,而是有了必要的行动,要通过具体措施来维护女性应享有的权利。具体的权益关注,也从最初的呼吁教育权,转向参政权。更重要的是,在有识之士的启蒙下,越来越多的女性意识到女权不能单靠男子给予,如果想得到真正的解放就必须自己争取。

(二)无政府女权主义

无政府女权主义作为一种思潮,在西方兴起于20世纪早期,主要代表人物有戈德曼和沃太伦·德·柯莱尔等人。无政府女权主义,既强调无政府,更是激进的女权主义,认为人类社会的统治在现存情况下就是男性对女性的统治,因此,如果女权主义反对父权制,那么,他们就必须反对种种形式的统治。

1907年前后无政府主义思潮传入中国,它是一种废除家庭、不要政府、不要国家,否定一切国家政权和阶级斗争的小资产阶级思潮。无政府主义者在宣传无政府主义思想时,往往和男女平等紧密地结合在一起,他们反对封建伦理道德,反对男尊女卑,主张男女平等。刘师培、何震等人于1907年在东京创办的《天义报》是无政府主义的主要刊物,其创刊宗旨是宣传无政府主义并鼓吹女权主义。

20世纪初,无政府主义在中国传播时,由于历史和现实

---

①《燕狱》,《复报》6期,1906年11月。此文原未署名,编入柳亚子《磨剑室文录》上册之《磨剑室文初集》。

的因素，一开始把男女平等作为其树立的旗帜，因此相应地，在其强调的全面社会革命中，"男女革命"也就成了最主要的组成部分。在强调民族国家话语的中国现代女权启蒙语境中，无政府女权主义源自其反民族国家的政治立场，因而显得独树一帜。

美国学者阿里夫·德里克（Arif Dirlik）对于中国革命史有着长期的研究，其在《中国革命中的无政府主义》一书中指出，中国无政府主义自始至终只是注重向人民传播其对于个人、婚姻、家庭的观念，仅仅停留在道德革命层面，而"没有明确表达出无政府主义是一种独特的、全面的社会和政治哲学的观点"[①]，此种对中国无政府主义的特征描述具有一定的代表性。无论是早期的传播者"天义派"和"新世纪派"，还是发展到五四时期的安那其主义者们，他们更多地从个人、婚姻、家庭等方面，甚至是妇女解放观念来阐释全面平等的基本立场。其实，在积极的妇女解放的倡导者或鼓吹者当中也不乏实践者。例如，刘师培在接受无政府主义之前，1905年在其所著里阐述了父权社会产生的根源，并就男女不平等的传统进行了批评，而且提出了男女平等、婚姻自由、实行一夫一妻制等在内的家庭改造设想。而以江亢虎、刘师复为代表的无政府主义者，于1904年至1906年，先后创办"女学讲习所"和广东香山女子学校。

无政府主义者认为私有制是通过国家、政府及家庭最终

---

① 阿里夫·德里克：《中国革命中的无政府主义》，孙学宜译，广西师范大学出版社2006年版，第164页。

传导到个人不平等的根源，他们认为只要消灭私有制，就能实现包括性别平等在内的全面平等，性别问题也就会随之解决。故而在20世纪初，对于家庭和婚姻，中国的无政府主义提出进行废除，提出"自有家而后各私其妻，于是有夫权"①，并且喊出"毁家""废家"的口号，认为"自家破，而后男子无所凭借以欺凌女子，则欲开社会革命之幕，必自废家始矣"②。刘师复在辛亥革命后不久，曾专门发表《废婚姻主义》和《废家族主义》两篇伸张其见解的文章，其认为"婚姻制度无非强者欺压弱者之具而已。女子以生育之痛苦，影响及于生理，且累及于经济，此为女子被欺之原因"③，并且预期"世界进化，国界种界不久将归于消灭，故家庭必废"④。正如无政府主义对民族国家的批判一样，其对家庭全面彻底的否定，有着犀利深刻的内涵。但其中有些主张不免有失偏颇，会给人们尤其是女性的现实生活带来巨大的混乱，甚至影响到部分女权主义者。像何震在接受无政府主义思想之后，在坚持性别平等为纲领的女权主义和以消灭私有制为首要任务之间，也逐渐模棱两可起来。

其实，也并非只有无政府主义将性别压迫归根于私有制，在国际社会主义思潮中诸如马克思、恩格斯、波伏瓦等早期社会理论家都"将妇女在承担体力劳动中处于劣势而受压迫

---

① 鞠普：《毁家谭》，《新世纪》第49号，1908年5月30日。
② 汉一：《毁家论》，《天义》第4卷，1907年7月25日。
③ 刘师复：《废婚姻主义》，《师复文存》，革新书局1928年3月，第107页。
④ 刘师复：《废婚姻主义》，《师复文存》，革新书局1928年3月，第115页。

与私有制的出现联系在一起"①。西方女权主义者们研究性别压迫与经济制度的关系后认为，在资本主义之前，人类社会就存在着与经济政治制度密切相关的社会制度——"性/社会性别制度"②，且有着其自身的运作机制。因此虽说性别压迫与私有制密切相关，但不能将二者混为一谈。

20世纪初中国无政府主义的代表性期刊有《新世纪》和《天义》，这两种期刊同是主张男女平等和妇女解放，但就如何达到此目的，则有男性无政府主义者与无政府女权主义两派，并分别在《新世纪》和《天义》上主张各自的观点。

男性无政府主义者多数基于无政府的信念，有意或无意地主张两性关系应该实行放纵自由，甚至提出一些哗众取宠的言论口号。就曾有男性无政府主义者在《新世纪》刊物上发表观点认为"设男子得御他女，则女子亦应御他男，始合于公理也"③，在其看来，男女要取得完全平等，男人可以嫖娼，那女人也可以嫖男人；男人可以多妻，那女人也可以多夫。而以何震为代表的无政府女权主义者则不同，他们更多地站在历史及现实的女性处境上为她们发声，就上述观点，何震就在《天义》上发表文章予以痛斥，其言道"男子多妻，男子之大失也，今女子亦举而效之，何以塞男子之口乎？况

---

① [英]朱丽叶·米切尔：《妇女：最漫长的革命》，见《妇女：最漫长的革命——当代西方女权主义理论精选》，李银河主编，生活·读书·新知三联书店1997年版，第16页。

② [美]盖尔·卢宾：《女人交易——性的"政治经济学"初探》，见《社会性别研究选译》，生活·读书·新知三联书店1998年版，第24页。

③ 真（李石曾）：《男女之革命》，《新世纪》第七号，1907年8月3日。

女子多夫，若莫娼妓，今倡多夫之说者，名为抵制男子，实则便其私欲，以蹈娼妓之所为，此则女界之贼也"①。

值得注意的是，无政府主义不可否认是引起对妇女解放和男女平等极大关注的社会思潮，其对传统文化和现存体制都进行了剖析和批判。但受制于传统观念，大多无政府主义者在探讨妇女问题时，更多的是基于铲除私有制，实现人人平等的信仰，从而相应提出取消家庭和婚姻，让女性彻底"解放"。但这种出于自身切肤之痛的考量，容易将女性解放引向一种歧途。

日本学者小野和子在《中国女性史》一书中就批评无政府女权主义瓦解了女权主义运动，何震的梦想偏离了女性争取职业、拥有独立经济地位以及参与国家事务的那些明确而可行的目标和斗争。小野和子甚至指责何震被她那种视男人为天敌的思想弄得迷失了方向，"变法派从梁启超以来一贯坚持的参加社会劳动—经济自立—国力的充实—民族的自立等看法基本上被丢弃了"②，虽然这有所曲解何震的女权主义主张，但却也说出了何震的天然女权主义与主流的中国女权启蒙之间不尽相同乃至大相径庭之处。

与中国近现代史上的诸多"主义"无差，妇女问题并不是无政府主义所关注的核心问题，虽然基本立场是主张妇女解放，基本原则也不抵触女权主义，但无政府主义并不能完

---

① 何震：《女子宣布书》，《天义报》第一卷，1907年6月10日，第6页。

② ［日］小野和子：《中国女性史：1851—1958》，高大伦、范勇编译，四川大学出版社1987年版，第73页。

全替代妇女问题来进行解决讨论。此外，和其他"主义"一样，其认为妇女问题不可能先于社会问题而得到解决，即认为，排在第一位的是实现无政府主义，然后再附属解决妇女问题。故而，初在《天义》上倡导的天然女权主义立场最后完全让位于无政府主义，这表明女权问题在中国近代思想史发展中又一次被干扰拖延。但值得欣慰的是，即使由于各种因素的干扰，但仍有像何震这样的天然女权主义者，进入了历史视野。

三、"兴学""倡权"何者优先

研究晚清女权史，不可忽视的一个话题是"女权"与"女学"的关系问题。大致说来，晚清学界对此有明确意识是在 1904 年以后。较之戊戌变法时期的"男女平等"或"男女平权"，进入 20 世纪后，"女权"一词已得到越来越频繁的使用，表现出晚清论者对女性应得权利的强调以及将理论付诸行动的迫切要求。著名的《女子世界》报刊在创办之初，写作发刊词的金天翮（笔名金一）当时已将"振兴女学，提倡女权"并列提出，虽未多加说明，这一排列次序本身已经隐含着引发此后争论的萌蘖。

讨论"女权""女学"孰应在前，蒋维乔未必为第一人，但《女子世界》的争端却是由他开启的。蒋维乔对女子教育极为重视，他认为女权的实现应以女学为先，并先后在《女子世界》第 3、5 期上发表了《论中国女学不兴之害》《女权说》两篇文章，激发了人们对女学和女权关系的讨论。

蒋维乔在《论中国女学不兴之害》文中提出，西方国家因为注重男女平等，整个社会的教化水平日益提升，国家综合实力日益强盛，而"独我中国女子，五千年沉沦于柔脆怯弱、黑暗残酷之世界，是何故哉?吾一言蔽之曰：女学不兴之害也"，而且他提到，女学不兴对于个人、家族、社会乃至国家都是有害的，对个人而言，"戕其肢体，锢其智识，丧其德性"；对家族而言，"贫窭之媒，流传弱种，家庭无教育"；对社会而言，"迷信僧道，败坏风俗"；对国家而言，"亡国之源，亡种之源"，力陈"女学不兴，害莫大焉"。①蒋维乔认为，妇女界的现实处境，以及国家、种族的兴亡均系于女学，那么在晚清的"女界革命"中自然应该把女子教育摆在首位。《论中国女学不兴之害》一文只在题目的范围内正面阐述，就事论事，是在维新以来大兴女学下合理的逻辑外延，因此虽然得到新学界普遍赞同，但并未引起较大争论。

然而，蒋维乔随后在《女子世界》上发表的《女权说》则无意触动了女权实行这一敏感话题，遂引起了极大的争论。他在《女权说》开篇就认为当时的维新人士无论在何种情形下都动辄说要伸张女权，然而"及数年来，考察吾国之状态，参以阅历之所得，而知其言之可以实行，盖将俟诸数十年后也"，其表达有如此观点并非臆测，是因为"妄言女权"在现实生活中产生的危害已初露端倪，蒋维乔继而提出"夫惟有自治之学识、之道德之人，而后可以言自由；夫惟有自治之

① 竹庄：《论中国女学不兴之害》，载《女子世界》1904年第3期。

学识、之道德之女子，而后可以言女权"①。蒋维乔特意补充到他并不是反对女权，而是主张必须待到女子普遍有学识、有道德之时，倡言女权才是有意义的。而要能达到这种情景，则必须通过较长时间的普及教育，故而认为女权实行要延至多年后。进一步地，他还提出女权不能赋予无道德者，那样会造成权力的滥用，女权并非不是好东西，关键是要在完备的条件和时机下再进行提倡和施行。

此番言论一出，立刻引起了坚定的女权人士的反驳，其中以柳亚子最为突出，柳亚子认为女权应当先于女学，女性权益容不得丝毫侵犯。随即柳亚子在《女子世界》发表《哀女界》表达了他的女权观点，首先痛陈现实中压迫女界的"真野蛮"，在此之后对蒋维乔的女权观点进行驳斥，言道"彼之言曰：女权非不可言，而今日中国之女子则必不能有权，苟实行之，则待诸数十年后。呜呼，是何其助桀辅桀之甚，设淫辞而助之攻也"，柳亚子将蒋维乔所述的女权观点说成是"伪文明"，反应激烈，难抑其痛心疾首之意。作为卢梭"天赋人权"的忠实拥护者，按照相关理论，柳亚子就女权问题也提出了自己的主张"夫权利云者，与有生俱来，苟非被人剥夺，则终身无一日之可离"②，认为既然女权"终身无一日之可离"，那么"必曰如何而后可以有权，如何即无权"就是前提不存在的假命题了。另外，柳亚子就其认为的女权与女学的关系阐述了观点，认为"欲光复中国于已亡以后，不

① 竹庄：《女权说》，载《女子世界》1904年第5期。
② 亚卢：《哀女界》，载《女子世界》1904年第9期。

能不言女学，而女权不昌，则种种压制、种种束缚，必不能达其求学之目的"，归根结底，还是要通过"女权革命"的方式来争取女权，并预测"十年以后，待女子世界之成立，选举、代议，一切平等"①，可见，他对女权革命的成功是持相当乐观的态度。

在《女子世界》刊行的前期，文章的基调一直偏于激昂。杂志的主编丁初我言词亦颇为激进，其曾在《女子世界》发表《女子家庭革命说》，提出女权与民权无所谓先后，可同时并行，"女权与民权，为直接之关系，而非有离二之问题"。而谈及"男女革命之重轻"，其赞同女权革命为民权革命的基础，认为"女子实急于男子万倍"。不过，随后丁初我觉察到蒋维乔所指证的种种弊端，于是其调整立场，转而将批判的对象转向新女性，并在《女界之怪现象》一文中列举了当时女界所出现的怪现象："家庭革命之未实行，而背伦蔑理之祸作；自由结婚之无资格，而桑间濮上之风行；男女平权之未睹一效果，而姑妇勃谿、仇俪离绝之事起。"并相应地提出了"女子苟无旧道德，女子断不容有新文明"②的观点。之后在《女子世界》发表《新罪业》一文，归纳了在"女权"学说传入中国以后，社会上出现的"爱虚荣""耽逸乐""观望不前""沾染气焰""虚掷""被吸"与"无成立"等七种不良迹象，对所谓的"新女性"进行了批判。当然，《女子世界》发出此类批判的声音并非对于女权的攻击，而是考虑到"女权萌芽

① 亚卢：《哀女界》，载《女子世界》1904年第9期。

② 丁初我：《女界之怪现象》，载《女子世界》1904年第10期。

时代，不可不兢兢，恐欲张之，反以摧之也”，是出于爱护的立场来对妄言女权进行批判的。

在道德观念上，《女子世界》的编者其实更接近梁启超的思路，即中国国民最需要采补者属于传统所欠缺的公德，至于私德，古圣贤的教诲已完全够用。可以说，丁初我的《女界之怪现象》代表了《女子世界》的转向，即由前期的注重“提倡女权”变为后期的偏向“振兴女学”。

在这场争论中，唯有柳亚子从始至终坚持自己的立场，针对后期出现的对新女学界的不同声音，柳亚子发表《论女界之前途》一文进行回应，认为“夫以数千年压制之暴状，一旦欲冲决其罗网，则反动力之进行，必过于正轨”，不能因为些许的超过，就“挤排诟詈待女界”，而应该保护初生的女权萌芽，“欢迎赞美待女界”[1]，进而完成救国之大业。

丹忱的《论复女权必以教育为预备》一文，可以说为这场激烈的“女学”与“女权”之争画上了句号，也代表了《女子世界》杂志的最终认识。简言之就是“中国女子，不患无权，患无驭权之资格；不患无驭权之资格，患无驭权之预备”[2]，顺理成章地，女子教育便成了当务之急。

在“女学”“女权”何者优先这一问题的争论上，预示着晚清新学界对女权问题相关概念的困惑，也凸显了中国女权问题的复杂性。柳亚子固守女权优先，金一、蒋维乔、丁初我等人倡行女学优先，孰优先的问题无需太过执着，自是仁

---

① 安如：《论女界之前途》，载《女子世界》1905年第13期。

② 安如：《论女界之前途》，载《女子世界》1905年第13期。

者见仁智者见智，但这些学者们就女权问题的深入探讨则合力推进了中国女性的解放进程。

四、小结

在少数思想家和学者们的启蒙下，振兴女子教育、争取男女平等与平权成了学界对于女性问题的探讨核心，男性启蒙知识分子依然是启蒙者队伍的主力，一些女性先觉者开始出现并积极致力于推动女子教育事业和争取女性权利的实现，这在女性个体解放的道路上迈出了一大步。从这个层面上看，正是启蒙知识分子对民众之"启"使得一部分知识精英率先觉悟，这些知识精英又进而转为启蒙者的角色继续对大众进行启蒙。由此可见，近代中国的启蒙其主客体不甚清晰，不论是大众还是精英，事实上都被列入了被启蒙者的行列。随着时间的推移，进入到抗日战争时期，在国家和民族危亡之际，启蒙的模糊性和复杂性进一步凸显出来。

第四章　女性的个体解放与民族解放

在兴女学与争女权的同时，由启蒙推动的女性解放之路继续推进。其实在近代革命斗争中，就不乏女性参与的身影，秋瑾仅是其中杰出的代表之一。在清末革命力量发展较快的时期，女性的介入集结起一大批女界精英，形成有组织的活动，构成妇女运动的主流，为中国民主革命的推进贡献出女性特有的力量。

鉴于19世纪末到20世纪30年代我国特殊的国情，将女权问题与民族国家的兴衰紧密相联，更多的是女权启蒙者们对民众的一种社会动员，他们寄希望于女性去协助男性完成建立现代民族国家这一宏大目标。因此，与其说女权启蒙和妇女解放是为了解放一个被压迫的性别群体，还不如说是重新调整男性与女性在整个民族国家中的位置。可见在中国的女权启蒙进程中，男性更关注的是民族国家的救亡，而非女性问题本身，女性问题更多时候只是男性话语权力者阐释救亡理论的场所。在这种意义上，近代中国女权相较于西方女权的发展历程则有了更多的曲折性和复杂性。

女权问题的探讨进入到新的阶段是在五四新文化运动时期，女性解放和思想启蒙重叠交汇，先进的知识分子们描绘出他们心中对于女性解放的现代文化想象和身份期许，寄寓了他们在转型时代关于中国社会应当如何改革的思考。可以说，个性解放与女性解放，在五四启蒙话语实践中占有举足轻重的地位，在中国现代思想文化中也有着深远的意义。

一、个性解放与女性解放的结合

（一）争当"女公民"事件

天赋人权是西方平等学说的核心，清末以来，改良派和革命派一直在积极传播这种思想。中华民国的建立为实现这个理想提供了条件。

南京临时政府成立后不久，颁布了《临时约法》，在中国历史上第一次把人的平等写入宪法，规定中国人民不分种族、阶级一律平等，享有居住、财产等各种权利，也需履行纳税、服兵役等义务。尽管在现实中依然存在很多实际的不平等，但自此人与人的平等关系有了法律依据，同时也为中国人追求平等提供了指南。

中国古代的称呼体现了一个人的等级身份，"圣上""大人""老爷""奴才""臣""小人"不仅体现着官民之间、上下级之间等级之别，而且意味着人格尊卑之别。但在共和国中，大家有着共同的称呼——公民。而要体现这种公民的平等精神就要改变传统的语言系统，代之与共和国相适应的称谓。为此南京临时总统令要求取消与共和国不相称的大人、老爷等名称，"嗣后各官厅人员相称，咸以官职、民间普通称呼，则曰先生，曰君"①，在由上而下的平等风气的吹拂下，社会上少爷、老爷、老太爷的称呼被一些人所厌弃，开始改称"先生"，在青年知识分子中称"某君"也风行一时。当然，社会间的称谓是不可能用一纸通令而整齐划一的，当时在富贵显赫家庭中，"大人""老爷"的称呼仍在流行，即使称谓改变了，根深蒂固的尊卑等级观念也不容易动摇。用官职相称替代过去的老爷、大人无疑是一个进步，但在官本位未彻底摧毁的社会中，官称在一些人当中同样也可能意味着一种等级，一种身份地位的不平等。

民国初年以国家法令形式废除人的各种不平等关系、改变旧礼仪，对社会平等风气的养成有着关键作用，使中国社会开始呈现出浓烈的平等氛围。这种氛围在临时政府机关中表现得尤为明显。当时，上至总统下至一般的公务人员都穿同样的制服。②彼此之间平等相处，照面都用鞠躬、握手之礼。这些都与专制时代的衙门形成鲜明的对比。

此外，随着君主专制制度的瓦解，庶民不得议政的限制被解除了，被压抑了太久的民众开始迸发出前所未有的参政

---

①《内务部咨各部省革除前清官厅称呼文》，载《南京临时政府公报》第27号，1912年3月2日。

②这种制服，以后被称为中山服，流传至今。

热情，形成了一股股参政热潮。公民参政，其中最主要的途径之一就是参加选举，当时实行的多党制为公民参政提供了竞争平台。第一届国会选举期间，是民国历史上公开的政党竞争最为活跃的时期。为了拉选票，各个政党可谓使出了浑身解数。他们不遗余力地吸收选民加入各自政党，国民党号召"介绍党员，以有选举权者为标准"，"党员愈多，人才愈众，多一党员则将来多一选举权，并可多得一议员，政治上始有权力"[①]；笼络选民、许诺条件、金钱收买成为当时普遍的现象。当时的宋教仁风尘仆仆，四处演讲，争取选民对本党的支持，真有点民主社会中各党竞选的架势。

当部分男子获得了完全公民资格，并在政治实践中发挥作用的时候，国民的另一半——女性同胞们则依然在为获得相同的资格而坚持不懈地斗争着。妇女争取公民资格成了民国初年一道亮丽的风景线。正如阿尔蒙德所说，"在民主社会里，扮演臣民角色就不是对人民的全部期望了。他应该具有臣民的美德，即遵守法律、忠诚于国家，但还必须参与政策的制定……民主的特质就在于以下事实：重大权威性决策的权力分散于人民之中。普通人被期望积极地参与政府事务，了解决策是如何制定的，并公开讲出他的观点……一个标准的民主制度下的公民应该是主动的、参与的、有影响力的……"[②]。当时的少数女性正是阿尔蒙德笔下的积极参与型公民，而不再

①《粤同盟会改组国民党之盛况》，载《民主报》，1913年2月6日。

②［美］加布里埃尔·A.阿尔蒙德、西德尼·维巴：《公民文化——五个国家的政治态度和民主制度》，张明澍译，商务印书馆2014年版，第123页。

是只会服从的臣民。为了获得公民资格，妇女们通过报刊对
"妇女不宜参政"的怪论进行反驳。当男子认为女子足不出
户，目光短浅，没有资格参政之时，女性群体则表达出不同
的意见，她们自信地认为"吾女子心细志坚，忍劳而勤敏，
知廉耻而重名誉，苟能发奋，何事不可为，何图不能就"，并
号召广大妇女积极顺应文明潮流，以公理为武器争取参政的
天然所有权。

一些女性有一种不获"公民资格"誓不罢休的气势。《女
子参政同盟会宣言书》提出："今之革命，吾国异族专横之
毒，已剗削销磨，建立民国，将以公民团体组织议会，以为
政府监督机关。吾女子既居全国公民之半，则吾党今日冲决
网罗，扫除障碍，其第一步之事业，即在争取'公民之地
位'①耳。"②她们的理由是：在革命时期妇女已尽国民义务，
革命成功后理应享受参政权；只有获得参政权，妇女的各项
权利才能获得保障。权利与义务不可分，既然艰巨之任，兴
亡之责，女子不能推诿，那么"国事之赞襄，公民之权利，
女子亦不应弃之"③。她们主张作为中华民国的一份子，女子
既然担任着国民的责任，那也就该享受国民的权利，"难道国
民两字划开女子单就男子而言吗"？④

---

①"国民"和"公民"在清末民初常常混淆使用，这里的"公民之地位"显然是指有
选举权和被选举权等政治权利的社会成员。

②《女子参政同盟会宣言书》，见《辛亥革命在上海史料选辑》，上海人民出版社
1981年版，第915页。

③《女子参政会纪事》，载《民立报》，1912年9月27日。

④《女子参政同盟始末记》，载《女子白话旬报》，第1期，1912年。

在反驳种种反对女性参政言论的同时，女性们还组织参政团体，试图以团体的力量来促成政治目标的实现。1911年11月，女子参政同盟会于上海成立，其创始人包括社会党女党员林宗素等人，同盟会的宗旨为"普及女子之政治学识，养成女子之政治能力，期得国民完全参政权"[①]。随后，女子参政团体纷纷成立。1912年3月，张汉英、唐群英等以实行男女平权、普及教育、一夫一妻制为宗旨，组织发起成立神州女界参政同盟会，并积极在全国各省拓展组织、建设支部。与此同时，湖南、湖北、浙江、广东、河南等省也相继出现妇女参政团体。女子参政的基本要求是把包括妇女参政权在内的男女平等权写入宪法，以唐群英为首的20余位女界代表在向临时政府上书请愿中提出"请于宪法正文之内，订名无论男女一律平等，均有选举权及被选举权。或不需订明，即请于本国人民语，申明包括男女而言，另以正式公文宣布以为女子参政权之证据"[②]。孙中山也同意在《中华民国临时组织法草案》中强调"人民一律平等"的条文，然而之后由于多方博弈，最终临时政府3月11日公布的《中华民国临时约法》（简称《约法》）改为"中华民国人民一律平等，无种族、阶级、宗教之区别"，其中并未提及男女平等和妇女参政等问题。于是唐群英、张默君、林宗素等人组成"女子参政会"，采取了一系列行动。她们想方设法进入参议院议场，要求将女子参政权列入《约法》内。林森议长解释说《约法》

---

① 《女子参政同盟会草案》，载《申报》，1911年11月29日。

② 《申报》，1912年2月26日。

系临时性质，女子参政权待国会成立后再议。唐群英等不服从，与林森展开激烈的争辩，并"恶言抵触，大肆咆哮"，最后不欢而散。此后，她们又多次想说服参议院，改变其主张。当她们受到阻止，不能进入参议院议场时，便击破参议院玻璃窗，并踢倒上前阻止的女警卫。在进议场屡屡受阻的情况下，便转往求见大总统，要求对《约法》修订，或删去"无种族、阶级、宗教之区别"一语，或于种族、阶级、宗教之间添进"男女"两字以昭公允。①

之后袁世凯继任临时总统，在临时政府北迁后，一些女性仍坚持不懈，她们表示"誓以死力达目的，速改约法条文。不达目的，决不停止"②。1912年4月8日，女子参政同志会、女子商务会等各界妇女团体在南京组建成统一的女子参政同盟会，并公开表示"必须达到女子参政之目的而后止"，要"以挟雷霆万钧之力以趋之，苟有障碍吾党之进行者，即吾党之公敌，吾党当共图之"③。面对参众两院公布的选举法对女子参政权未做任何规定的现实，唐群英等上书参议院。可是，参议院未经讨论即否决了女界代表提出的《女子参政法案》。女子参政同盟会表示了极大的愤慨，公开宣称参议院为"女界公敌"。12月9日，在与参议院议长的辩论中，唐群英等人公开表示"凡反对女子参政权者将来必有最后对待方法。即袁大总统不赞成女子参政权，亦不承认袁为大总统"④。

① 相关报道载《民立报》，1912年03月23日。

②《民立报》，1912年3月29日。

③《民立报》，1912年4月12日。

④《盛京日报》，1912年12月12日。

女子参政同盟会在与参议院抗议的同时，还为同盟会改组为国民党的过程中删去"男女平权"的内容提出抗议。唐群英在演说中指出，国民党政纲中删除男女平权条文，是蔑视女界，说明同盟会已经丧失过去的精神，应该向女界道歉，并要求在国民党政纲中加入男女平权的内容。代理会议主席张继将写有"男女平权"的纸张高高挂起，要求进行表决，结果举手赞成的只有三四十人，唐群英的动议被否决。在这种情况下，她们仍然不放弃，表示不达目的决不出京，并上书孙中山，希望得到支持。孙中山的答复是，删除男女平权的条文是多数男子的公意，现在只能服从多数表决，希望女子以国家为前提，不断提高自己的程度，男女自有平权的一日。"否则，国基不固，男子且将为人奴隶，况女子乎？"[1]

在湖北、湖南、浙江、广东等地，女子参政活动也比较活跃，女界积极分子们组织学会、创办刊物、发起上京请愿。女子参政在广东获得了初步的胜利。有三名女士被选为议员。然而，当选的广东省议会中的三名女议员也在1912年省议会选举法公布后被取消议员资格，1913年11月，议会以妇女请愿者有侮辱性言辞为借口拖延不受理妇女的参政请愿。这些限制女性参政的条文或决定都是以男性为主体的政治组织和团体以多数票决定的，这说明当时的男性对女性的角色定位基本上还停留在"贤母良妻"的阶段，女子要从"主内"变为和男子一样可以"主外"，是处于男权社会中的男性所不答

---

①《复南京参政同盟会女同志函》，《孙中山全集》第2卷，中华书局1986年版，第438页。

应的。

尽管女子参政运动总体上以失败而告终，但这场运动让人们听到了女性的声音；尽管多数妇女仍未觉醒，但少数人的奔走呼号已揭开了妇女参政运动的序幕；尽管她们打碎玻璃、踢倒卫兵、强行闯入议院、殴打宋教仁乃至宣布不与男人结婚等等方式成为时人的笑谈，但她们能够冲破传统的道德规范、顶住社会的各种压力，其勇气可钦可敬。可见，在清末启蒙家的影响下，"男女平等""女权"等思想观念早已在部分女性的心中萌芽，她们不仅追求与男性平等的参政权，还要求法律的承认权，要享受作为"女公民"应当拥有的权利。光明正大地追求法律的保障，这也正是现代社会公民应具备的重要品质。争当"女公民"事件让我们看到了清末民初的女子们为争取自己的权利和女性解放事业所做出的艰辛努力。

（二）启蒙话语中的"娜拉"与"女性解放"

到了五四新文化运动时期，女性解放进入一个新阶段。个性解放与女性解放，在"五四"启蒙话语实践中占有举足轻重的地位。在此语境下，女性形象"娜拉"被译介到中国，在"五四"前后推进了女性解放运动。

挪威作家易卜生的作品《娜拉》（又称《玩偶之家》），讲述了女主人公娜拉从信赖丈夫、爱护丈夫到与丈夫决裂、摆脱玩偶地位的自我觉醒的过程。这部作品被翻译引入中国后，迅速风行全国，被人们奉为精神楷模，知识分子们也通过这个女性自我解放的文学形象，找到了思想启蒙的兴奋点，众多进步女青年争先以娜拉作为挣脱家庭和社会枷锁的榜样，由此展开了关于女性解放的大讨论。

在中国的接受语境中，"娜拉"负载了女性解放与个人主义的双重要求，很多知识分子借助或者效仿"娜拉"故事，从传统的家庭宗族共同体中走出，进而寻求自身的解放，这样既能够确证他们对应抉择的合法性，又表达了他们对于世俗伦理的立场，"娜拉"不仅给知识分子个人的出路安排做出指示，还牵涉到现代民族国家建构过程中的询唤（interpellation）①机制。可以说，当时语境中的"娜拉"，与反抗礼教、重估传统、伦理重建等有效地关联起来，就能够将"五四"启蒙的"全息图像"从一个侧面显现出来。

而对于激起思想启蒙者的兴奋点来说，胡适提出《易卜生主义》就是个较好的例子。胡适在《易卜生主义》中，不单是对易卜生作品进行全方位导读，更是深入阐发其人生观和文化立场，可以称之为"文学革命的宣言书"②。且恰逢《新青年》编辑部改组扩大，采取轮流编辑之法，当轮值到胡适时，他开创性地把当期期刊办成"专号"形式，并取名为"易卜生号"，并获得了巨大成功，"专号"这种形式也在后期

① "询唤"是路易·阿尔都塞（Louis Althusser）关于意识形态的杰出洞见。他提出，意识形态的功能在于把具体的个人呼唤或传唤为具体的主体。参见《意识形态与意识形态国家机器（研究笔记）》，载陈越编，《哲学与政治：阿尔都塞读本》，吉林人民出版社2003年版，第320—375页。

② 傅斯年：《白话文学与心理的改革》，《新潮》第1卷第5号，1919年5月。

的思想文学运动中延续下来。①追求个性解放、冲破"人的依赖关系"是当时青年的共同追求，《易卜生主义》对于从传统的家庭宗族共同体中走出的青年，从世俗伦理立场寻找自由空间进行了良好的表达，故而迅速成了启蒙的代表性论述。

胡适在《易卜生主义》中多次提到"娜拉"，他概括易卜生笔下所写的家庭有自私自利、奴隶性、假道德、怯懦没有胆子这"四种大恶德"②，在这种家庭环境中，妻子没有任何地位，反而像叫花子的猴子引人开心，妻子对丈夫可以牺牲所有，反之则不然。胡适对于此种设定是深恶痛绝，并表示很欣赏娜拉"看破家庭是一座做猴子戏的戏台，他自己是台上的猴子。他有胆子，又不肯再装假面子，所以告别了掌班的，跳下了戏台，去干他自己的生活"③的这种做法。

在研读易卜生的剧作和书信的过程中，胡适把个性解放抽绎为"一种完全积极的主张"，认为"个人须要充分发达自己的才性，须要充分发展自己的个性"。④进一步地，胡适认为达到"做一个人"需要满足有个人自由意志和个人能担干系、负责任两个条件，⑤娜拉的出走正是拥有自由独立人格的开始。

---

①　此后，《新青年》数次推出"专号"，如"戏剧号"(第五卷第四号)、"马克思主义研究号"(第六卷第五号)、"人口问题号"(第七卷第四号)和"劳动节纪念号"(第七卷第六号)等，可见编者对于这种形式的看重。

②　胡适:《易卜生主义》，《新青年》第4卷第6号。

③　胡适:《易卜生主义》，《新青年》第4卷第6号。

④　胡适:《易卜生主义》，《新青年》第4卷第6号。

⑤　胡适:《易卜生主义》，《新青年》第4卷第6号。

胡适认为女性解放与创造新的个人属于同一个议题，可以"个人主义"话语策略的张扬，达到在个性解放要求中吸纳女性解放的效果。如果论女性解放中"破"的方面，那么提倡摆脱儒家伦理和宗法制度的束缚就足矣；而真正为"立"而努力的，就是胡适把女性解放纳入启蒙理性规划之中的尝试。胡适明确宣扬"努力做一个人"的理想，并将女性解放的指导思想定义为个人主义，进而替代原先女性解放话语中"贤妻良母"的目标。在胡适看来成为新的公民（citizen）的必要前提就是独立的、自我决定的个人，这种自由意志的彰显也是女性解放的关键，所以其特别关注诸如"出走"之类的女性获得主体性的瞬间。

很多女性在"易卜生号"的感召下，以实际行动追求自立，挑战封建婚姻制度，涌现了诸多"争取人格独立"娜拉式的新女性。同时，现实生活中的几个"娜拉"事件也引起了社会的极大关注，其中最具代表性的是"李超"事件。事件原委是广西籍女学生李超因觉得旧家庭生活索然无味，同时为了避开包办婚姻的高压，愤而出门求学，后进入国立高等女子师范学校学习。但是她的家人均表示反对，并断绝了经济来源，最终导致她贫病交加而亡，年仅二十三四岁，而其家人认为李超"至死不悔，死有余辜"①。

"李超"事件在当时受到知识界的极大关注，1918年11月

---

① 参见胡适《李超传》，曾刊于《晨报》(1919年12月1—3日)和《新潮》第二卷第二号(1919年12月)，收《胡适文集》第2集，北京大学出版社1998年版，第582—591页。

30 日，北京学界自发地为李超举办隆重的追悼会，蔡元培、胡适、陈独秀、蒋梦麟、李大钊等知名人士悉数参加并发表演说，"均淋漓尽致，全场感动，满座恻然，无不叹旧家庭之残暴，表同情于奋斗之女青年"，当时参会者不下千人，赠送的诗文挽联三百多份。可以说，"这回集会，虽然是追悼李超，其实也可叫作女子问题的讲演大会。"①

胡适为此事件特意撰写了《李超传》②，认为李超"一生的遭遇可以用做无量数中国女子以写照，可以用做中国家庭制度的研究数据，可以用做研究中国女子问题的起点，可以算做中国女权史上的一个重要牺牲者"③，文中胡适延续了对家族宗法制度的批判，认为当前女子解放面临着女子教育和财产继承两个现实困难。蔡元培在演讲中表示赞同胡适在《李超传》的观点，同时补充到"偏于女子一方面"，认为在当时的国内"就是男子，有这种悲惨境遇的也很多"。随后，蔡元培也提出了三种解决办法：一是经济问题的解决，改变现有经济组织，实现各取所需；二是改革教育体制，实现好学之人皆可学；三是建立教育基金，帮助没钱的学生。④对于女性问题，蔡元培提出的"一退再退"的三个方案，说明他

① "讲坛栏"，苏甲荣记，《晨报》1918 年 12 月 13 日。

② 胡适是应李超的同学之邀为李超作传记的。很早就动笔，直到追悼会五天前方完成，参见《胡适日记全编》(3)，安徽教育出版社 2001 年版，第 12—25 页。

③ 胡适：《李超传》，《晨报》1919 年 12 月 1—3 日，又载《新潮》第二卷第二号，引自《胡适文集》第 2 集，北京大学出版社 1998 年版，第 591 页。

④《蔡子民先生演说》，《晨报》，1919 年 12 月 13 日。

倾向于"一点一滴的改造"来解决具体问题。①

　　而陈独秀的关注点则有些不同，他认为社会制度的迫害是造成此次悲剧事件的根本原因，"社会制度，长者恒压迫幼者，男子恒压迫女子，强者恒压迫弱者。李女士遭逢不幸，遂为此牺牲"②。在私有制下，女子没有财产继承与自主的人格，因而才会沦为男子的俘虏，只有在解决社会制度不平等的过程中才能实现妇女解放。陈独秀还在《女子问题与社会主义》一文中，对零打碎敲式的解决方式提出批评，认为"如果把女子问题分得零零碎碎，如教育、职业、交际等去讨论，是不行的，必要把社会主义作惟一的方针才对"③。

　　李大钊在追悼会上也作了演讲，但遗憾的是内容并未见报，但通过在"五四"前后他就女性解放问题发表的文章来看，还是能把握到其观点的。李大钊主张由妇女解放运动推广到妇女平和美爱的精神，即把女性解放纳入现代民主主义精神的范畴，进而推动中国从专制社会变为民主社会。李大钊还把阶级维度引入女性解放中，认为只有"无产阶级妇人"解放了，那才是可以认为"妇人全体的解放"，他主张妇女解放在打破男子专断的社会制度的同时，还得去打破有产阶级

---

　　① 强调教育改革是妇女解放的根本，也是朱希祖的观点。"现在我国男女不平等，讲妇女问题的，要主张男女平分祖父遗产。这话虽然是公平，然我以为不如主张男女平等受完全教育。使男女都成为有用的人才，都能自立……如此积累下去，男女真可以平等，女子不必靠父母及丈夫的财产了。"参见朱希祖：《敬告新的青年》，《新青年》第七卷第三号，1920年2月1日。

　　②《陈仲甫先生演说》，《晨报》，1919年12月13日。

　　③ 林茂生等编：《陈独秀文章选编》(中)，生活·读书·新知三联书店1984年版，第104—106页。

专断的社会制度才行。①李大钊的这个判断，明显体现出其受马克思主义认为物质上的依附关系才是导致两性社会关系不平等根源的观点的影响。②

"娜拉"事件和"李超"事件告诉我们，在特定历史时期，女性解放之路是无比艰难和曲折的。通过对各类"娜拉"事件的研讨发言，知识分子们在社会上开创了一个公共空间来专门讨论女性问题，并参与了理想型"新女性"的创造。代表新信息渠道的报纸和杂志这样的大众媒体，其重要性日渐凸显。女性解放已不再仅仅是概念或者口号，而落实为一个具体展开在历史社会时空中，并依托于都市大众传媒和"印刷资本主义"（print capitalism）③的话语实践过程。更重要的是，知识分子们通过对女性解放的论述，并与思想启蒙联系在一起，描绘出他们心中的现代文化想象和身份期许，寄寓了他们在转型时代关于中国社会应当如何改革的思考。

---

① 李大钊：《战后之妇人问题》，《新青年》第六卷第二号。

② 李大钊认为，"苏俄劳农政治下妇女享有自由独立的量，比世界各国的妇女都多。"《现代的女权运动》，《李大钊文集》第4卷，人民出版社1999年版，第115页。《民国日报》从1919年4月12日到4月28日刊载《劳农政府治下之俄国——实行社会共产主义之俄国真相》，介绍说："劳农政府对于妇女教育，也很注意"；"男女平权是俄国革命的最重要的产物"；"有列宁而后才能够解放女子"。

③ 这个概念最早是 Benedict Anderson 在 Imagined Community: Reflections on the Origin and Spread of Nationalism(London: Verso, 1991)中提出的。以此对现代中国的分析,参见 Christopher A. Reed, Gutenberg in Shanghai: Chinese Print Capitalism, 1876-1937(Vancouver, B.C.University of British Columbia Press, 2004.

二、从家庭革命到社会革命

（一）秋瑾——为革命献身的女权先觉者

清末民初是一个风云激荡、人才竞出的时代，不单限于男子，晚清女子中也不乏英豪之辈，而其中，秋瑾当属名列前茅的人物了。

秋瑾，原名秋闺瑾，出身官宦之家。母亲工诗善画，颇有学识，是个大户人家的贤妻良母。这种家庭环境使秋瑾在少女时代就接受了一般大家闺秀所必备的严格训练，是个很有才学、个性活泼的才女。她幼年从父启蒙，通经史，熟读诗文词曲，又好剑术，善骑马。其诗作立意不俗，对仗工整，颇见功底。

1896年，秋瑾遵从父母之命与王廷钧结婚。王家系曾国藩表亲，为湖南湘乡富商。夫家优厚的物质生活条件，使秋瑾即使在父亲逝世、娘家渐趋败落的情况下，仍无须为衣食忧虑。但夫妻二人志趣不同，感情冷漠，她精神上孤寂无奈。即使是在她生育一男（沅德，1897年生）、一女（灿芝，1901年生）后，这种缺憾仍然存在。"闺中惟有灯作伴，栏前幸有月知心"以及"却怜同调少，感时泪痕多"都是她日常生活的写照。在一首咏古代才女谢道蕴的诗中，有"可怜谢道蕴，不嫁鲍参军"的感慨。①与其说这是替古人惋惜，还不如说是

①《秋瑾集》，中华书局上海编辑所1960年版，第64、68、72页。

作者的借古自叹更恰当些。秋瑾不满足于贤妻良母式的生活，但除去对婚姻的失望，她还不知道出路何在。

　　1902年，秋瑾随夫移居北京。当时正是义和团起事失败，清政府与八国联军签订丧权辱国《辛丑条约》之后。秋瑾目睹了朝政腐败、国事危亡，她开始广泛浏览传播启蒙思潮的时论书刊，她在忧国愤世之余发现了新天地和新生活。在给妹妹的信中她兴奋地相告："任公（指梁启超）主编《新民丛报》一反以往腐儒之气……此间女胞无不以一读为快，盖为吾女界楷模。"她向女友发问："人生处世，当匡济艰危，以吐抱负，宁能米盐琐屑终其身乎？"古今、中外、新旧、男女、家国这一连串的概念涌上心头。遗憾的是，当她承受着痛苦的精神煎熬时，身边的丈夫却对此麻木不仁，不以为然。于是饮酒、舞剑、吟诗就成为她宣泄情感的方式："……身不得，男儿列，心却比，男儿烈。算平生肝胆，因人常热。俗子胸襟谁识我？英雄末路当磨折。莽红尘何处觅知音？青衫湿！"[1]

　　在接触汲取各类新知识的过程中，男女平权的观念很快被秋瑾所认同和秉持。她不单是在思想上反抗男权与夫权，更是采取行动来反抗。在家庭关系上，她公开化对丈夫王廷钧原有的不满，在后期的冲突中，甚至采取了在当时女性中极为少见的离家出走这一激烈方式。[2]再后来，留下一对小儿

[1]《秋瑾集》，中华书局上海编辑所1960年版，第97页。

[2] 秋瑾《致秋莱子信》（1905年9月12日）言及"妹出居泰顺栈"（《秋瑾史迹》185页）事，徐自华《炉边琐忆》更进而补叙"王央请廉泉之妻吴芝瑛将她接到廉家新宅纱帽胡同暂住"（《秋瑾年谱及传记资料》，14页）的后事。

女、摆脱丈夫羁绊、东渡留学,更凸显其热切向往自主独立的特质。秋瑾曾自白道"女子当有学问,求自立,不当事事仰给男子。今新少年动曰'革命,革命',吾谓革命当自家庭始,所谓男女平权是也"[①]。

秋瑾选择的救国之路,一方面是联合志同道合之人进行革命,以推翻清朝专制政府;另一方面实行男女平权,唤醒二万万女同胞,共同奋斗。1904年春,秋瑾变卖了陪嫁的衣饰,为赴日本留学筹措费用。是年秋,她在上海只身登轮东渡,迈出了实现自己救国理想的第一步。当时虽说留学日本已渐成风尚,其中女子也不乏其人,但像秋瑾这样怀有以身许国志向,抛弃儿女之情而远走异乡的少妇却是少有的。秋瑾东渡,标志着近代中国女性奋力冲破家庭罗网,迈出奔向自我解放之路的历史性步伐。

在东京,秋瑾改名竞雄,表示她追求男女平权的目标,并身体力行付诸实践。她先入中国留学生会馆设立的日语补习所学习日语,第二年又考入日本实践女学校师范班。其间她以旺盛的政治热情参与社会活动。1904年9月,她在东京创办《白话》杂志,撰文、讲演,无不全身心地投入,"每每写到沉痛之处,捶胸痛哭,愤不欲生"。在集会上她"多所陈词,其词淋漓悲壮,荡人心魂";还与陈撷芬一起发起组织"实行共爱会"(以爱国为宗旨的留日女学生团体)。她能言善写,广交志士,与刘道一、仇亮等加入了由冯自由等秘密组织的反清团体。作为冲锋陷阵的勇士,秋瑾这一时期的诗作

---

① 吴芝瑛:《纪秋女士遗事》,《时报》,1907年7月25日。

洋溢着自信与豪情："低头异族朝衣冠，腥膻活人祖宗耻""危机如斯敢惜身，愿将生命作牺牲""好将十万头颅血，一洗腥膻祖国尘"。她在参与革命活动中所表现出来的组织和宣传方面的才干已受到留日学生界的瞩目，她那女界先觉者的形象堪称20世纪中国新女性的典范。

1905年夏，中国同盟会在东京成立，秋瑾担任评议员并兼浙江省主盟员，是同盟会领导成员中唯一的女性。1906年，为阻挠留日学生的革命活动，日本政府颁布了《清国留学生取缔规则》。陈天华愤而蹈海自尽，秋瑾"闻之，唏嘘流涕，决意归国"。在一封致友人的辞别信中，她表达了自己急于返国参加第一线战斗，并不惜为此献身的决心："吾归国后，亦当尽力筹划，以期光复旧物，成败虽未可知，然苟留此未死之余生，则吾志不敢一日息也……且光复一事，不可一日缓，而男子之死于谋光复者，则自唐才常以后，若沈荩、史坚如、吴樾诸君子，不乏其人，而女子则无闻焉，亦吾女界之羞也。愿与君交勉之。"[①]经过一年半的留日生活，秋瑾已从一个封建家庭的叛逆者，成为志在反清的革命者。"拼将十万头颅血，须把乾坤力挽回"[②]，这是她归途中自许的誓言。

随着民主主义思想的传播，秋瑾逐步认识到女性只有参加改造社会的政治斗争，才是争取自身解放之路。为了唤起女界觉醒，1906年她在上海创办了《中国女报》。她撰文指出：中国"妇女处于凄惨、最危险的状态中"，过着"一世牛

---

① 王时泽：《秋女士瑾略传》，《湖南历史资料》总第11辑。

② 《秋瑾集》，中华书局上海编辑所1960年版，第77页。

马，半生囚徒"的生活，"自己没有一毫独立的性质"。她号召妇女走出家庭，"求一自立的基础，自活的手艺"，并向妇女疾呼："吾今欲结二万万大团结于一致，同全国女界声息于朝夕，为女界之总机关，使我女子生机活泼，精神奋飞，绝尘而奔，以速进于大光明世界；为醒狮之前驱，为文明之先导。"①但《中国女报》仅发行了两期即被迫停刊。不久，秋瑾回到故乡绍兴，利用大通学堂为掩护，积极进行武装起义的筹备工作。在此期间，她曾到湖南王家，探视离别多年的子女。也许为了不使家人因自己的政治选择而遭到牵连，她向丈夫提出分手："我已以身许国，今后难再聚首，君可另择佳偶，以为内助。"②此时秋瑾对自己献身的事业已抱定义无反顾、一往无前的意志了。在近代，涉足政潮对女子来说便意味着要有不惜抛弃个人一切的勇气和胆识，而正是这一点，为她们的人生乐章注入了震颤心灵的强音。

1907年春，在绍兴大通学堂任教的秋瑾与在安庆的革命党人徐锡麟等秘密筹划组织光复军，发动军事起义。她亲自撰写了《光复军起义檄稿》《光复军军制稿》等文件，并时常组织绍兴大通学堂的学生练习骑射。不料6月间，徐锡麟在安庆起义事败，惨遭杀害。消息传来，秋瑾万分悲痛。为了保护同志，她拒绝易地避走，而是留在绍兴应变。7月13日，绍兴知府奉令包围大通学堂，秋瑾等14人被捕。在两天的审讯中，秋瑾始终傲然不屈，对于所问概以不必问或不知道答

①《秋瑾集》，中华书局上海编辑所1960年版，第13—14页。
②王时泽：《秋女士瑾略传》，《湖南历史资料》总第11辑。

之。在逼令画供时，她提笔疾书"秋风秋雨愁煞人"七字，字字铿锵，掷地有声。7月15日，秋瑾在绍兴城内之轩亭口从容就义，年仅31岁。"痛同胞之醉梦犹昏，悲祖国之陆沉谁挽。日暮穷途，徒下新亭之泪；残山剩水，谁招志士之魂？不须三尺孤坟，中国已无干净土；好持一杯鲁酒，他年共唱摆昆仑。虽死犹生，牺牲尽我责任；即此永别，风潮取彼头颅。"①这是秋瑾牺牲前五天写下的绝命词，仅仅五天之后，她就用生命完成了对它的诠释。

"使我女子生机活泼，精神奋飞，绝尘而奔，以速进大光明世界"，这曾是秋瑾矢志追求的理想。作为近代中国女界第一位为实践这一理想而献身的先觉者，秋瑾的形象是冰雪世界里一枝报春的红梅，是女性解放路上一座永恒的界碑，召唤着无数追求男女平等的中国女性，投身到女性解放和民族解放的斗争之中。

（二）清末革命政治中的女杰

在清末革命力量发展较快的时期，女性的介入集结起一大批女界精英，形成有组织的活动，构成妇女运动的主流，为中国民主革命的推进贡献出女性特有的力量。追寻近代中国妇女运动主流的进程特点和历史意义，可以发现有三个时期值得注意，即20世纪初的女子留日高潮，辛亥时期的女子从军及"五四"时期的女学生运动。

随着维新运动失败和丧权辱国的《辛丑条约》签订，愤

---

① 《秋瑾集》，中华书局上海编辑所1960年版，第26—27页。

世忧国情绪在一代青年学生中迅速蔓延。1901年清政府倡行"新政",爱国游学的口号渐被有志救国的青年所接受,留日风潮应运而生。在相继东渡的人群中,既有"为求富国强兵策,强忍抛妻别子情"的莘莘学子,[①]也有随家人同行的女性。据日本学者小野和子称,1901年前后,就有若干名中国女留学生在东京麹町下田歌子女校就读。是年在神户的华侨所办的同文学校,也有18名中国女学生。于是,尽管不缠足和兴女学运动在国内已随维新变法的失败而陷于低潮,但在东邻日本的中国女子却仍享有进学堂、不缠足的权利。得天独厚的文化环境使这部分女性接受了资产阶级民主思潮的洗礼,成为女界率先觉悟的力量。

当时在神户同文学校的女学生除了学习中文、日文、英文等课程外,还学习柔软体操。尤其"时政""女权"更是她们关注的热门话题。她们曾致信下田歌子女士,邀请她来校演讲女权问题,以"开通吾辈之智慧,振起吾辈之精神,使吾辈皆知学问,不致受男子压制"。另外,在习作中她们也流露出对国内"二万万之女子沉沦苦海而未有穷期"的同情;为中国"女学衰微,数千年矣,提倡无人"而叹息;将创办女学而闻名的下田歌子女士誉为"东方女子第一豪杰""闺阁之雄"。早期留日女学生生活习俗和思想观念的大转变于此可见一斑。对此,连日本报界也颇感惊奇,认为"其思想之开通,令人可惊","不受男子压制,尤觉气焰万丈,妙龄女子,

---

① 吴玉章:《辛亥革命》,人民出版社1961年版,第31页。

有此口吻，奇哉"[1]，并预言这种争取女权的呼声正是"老大帝国将来革新之要素"。

东京是留日学界的宣传中心，客观上为东京的留日女学生参与政治性集会、结社提供了便利，对促使女学生的思想转变具有导向作用。这些女学生"课余之暇，团聚谈话，愤女学之衰败，慨女权之摧折"，继而产生结成团体的愿望。1903年4月，她们成立了爱国团体共爱会，该会的宗旨是拯救二万万之女子，使其享受固有之特权，能够尽到女国民的天职，并打算"先组织在东留学女子之团体，互相研究女子问题，以渐达其权力于祖国各行省"[2]。作为会员，"当以女学上之运动，为唯一之责"，并"公选会员四员，每月各作论说一、二篇，交事务长代为登报，以流达于祖国"。显然，共爱会已成立立志于恢复全国女子女权，履行女国民职责的政治团体，跳出了留日青年联谊会的框架。由此，共爱会初期主要是进行女子问题的研究，并将成果向国内女界作启蒙宣传，并且该会对于未来发展也充满信心，言道"今日栖息于异国，养精蓄锐之潜龙，安知他日不为在天之飞龙？"[3]留日学界对于共爱会的成立均表示重视和欢迎，留日学界期刊《江苏》《浙江潮》都予以报道，还特地开辟"女学论丛"或"女学论文"专栏以供会员发表言论见解。自此，共爱会肩负起唤醒和组织中国女性参加爱国救亡斗争的使命，东京也成

①《苏报》，1903年4月9日。
②《共爱会章程》，《浙江潮》第3期，1903年4月。
③《祝共爱会之前途》，《江苏》第6期，1903年9月。

为留日女学生参与政治活动的中心舞台。

共爱会也为留日学生界培育了一支生气勃勃的队伍，并有诸多义举。1903年4月，沙俄强据我国东北，为表示强烈反对，留日学界酝酿组织拒俄义勇队开赴东北。共爱会成员积极进行演讲动员，并签名组成"赤十字会"，她们有林宗素、王莲、曹汝锦、陈懋飔、华桂、胡彬、龚圆常、方君笄、钮勤华、吴芙、周佩珍、钱丰保等。不久，义勇队易名为学生军，这些女战士便作为女队成员编入学生军的行列中。鉴于清政府勾结日本政府发出解散学生军的通缉令，学生军又改称军国民教育会，以"养成尚武精神，实行爱国主义"为宗旨，上述12名女生全部转为军国民教育会会员，进行救护训练。此次活动促使留日学生对清政府的最后一丝幻想破灭，反清革命队伍愈加强大，以共爱会为代表的女性群体也投身此次拒俄运动，成为反清力量中的一股新力量。部分杰出女留学生加入反清社团，如秋瑾、陈撷芬、李自平等加入横滨三合会，何香凝也在东京筹备组建中国同盟会分支，此后秋瑾也入盟负责浙江分会，这些女性先驱为近代中国妇女运动做出了杰出贡献。反清、拒俄、爱国，使得女性解放运动又同时兼有民族主义和民主主义的色彩。

武昌起义爆发后，女子从军的序幕也就此拉开。武昌起义仅仅两个月后，全国就有14个省相继光复，但列强在"严守中立"的旗号下，劫夺关税，抢占要地，阻止革命军北伐，清政府起用袁世凯率兵南下，形成南北对峙局面。在随后北伐的筹备中，沿海城市的女界踊跃参军，并高呼"一国兴亡，匹妇亦肩责任"，广州成立了以港澳女同盟会员和女学生为主体的广东女子北伐队，在上海也出现了上海女子北伐敢死队、中华女子竞进会、医务界女子后援会等志愿参战团体。[①]其中，以上海女子北伐敢死队最为积极，该队有队员70多人，平均年龄在20岁左右，成员以天津女子师范学校学生居多数。队长沈警音是嘉兴人，副队长葛敬音，队员有郑璧、葛敬华、黄绍兰、丁志谦、汪纬霞、孙侠、范模瑛、张卓群、梅琼英等。[②]因受到秋瑾烈士精神的感召，她们奋起从戎，结伴南下。上海光复后的军政首领对沈警音提交的组建女子军计划表示支持，发给所需的武器、弹药、军装，由时任海军陆战队教官的杜伟担任女子军的军事教练员，每天利用半天时间讲授军事知识，指导进行实弹射击。女同盟会员徐宗汉也对女子军十分关心，经常到队部同队员们谈话，鼓舞士气。

孙中山先生曾高度评价辛亥革命时期妇女界的独特贡献，盛赞先进女性"勇往从戎，同仇北伐，或投身赤十字会，不辞艰险，或慷慨助饷，鼓吹舆论，振起国民精神，更彰彰在人耳目"。但遗憾的是，由于诸多因素，辛亥革命时期女子北伐军却骤起疾逝，有参与北伐的女战士在奉命南回的过程中叹道"此行北上，一事无成，羞为故人所陈也……徒劳跋涉，

---

① 杜伟:《上海女子北伐敢死队》,《辛亥革命回忆录》(四),中华书局1963年版,第70—71页。

② 杜伟:《上海女子北伐敢死队》,《辛亥革命回忆录》(四),中华书局1963年版,第70—71页。

思之能不悲乎"①。辛亥风云她们曾是激昂的斗士，但女子军遣散后民国政府对她们的就业、生活并无表示。这直接打击了女界先锋的热情，导致了一段时期内女界参政度的低落。但不可否认，辛亥革命炮火的洗礼标志着女性群体作为一支新生力量登上了中国民主革命的舞台，此后她们开始以不同方式参与了进步政党力量的改组或筹建过程。

到了五四时期，在新文化运动的影响下，女性问题再次成为启蒙思想传播的热点之一。置身新文化运动的摇篮——北京的女大学生，"五四"在她们的思想发展进程中无疑是一个界标。她们以满腔热血，一往无前的精神，改变了女性温文谦卑的社会形象。

五四运动给中国带来了新旧交替的曙光，一些进步学生社团开始转向以改造中国与世界为己任进行理论探讨和组织活动，如湖南的新民学会、天津的觉悟社等。这些社团或以男性为主，但其成员已是"你、我、他、伊"。"伊"在五四青年中是指"她"。新民学会的第一批女会员有陶毅、向警予、李思安、周敦祥、魏璧、劳君展、徐瑛、杨润余等。觉悟社成立时就是由男女人数对半组成，她们是郭隆真、邓颖超、刘清扬、张若名、李锡锦、郑季清、李毅韬、周之谦、吴瑞、张嗣婧等。这一现象展示了近代中国女性先觉者主要出自两种以不同方式介入政坛的势力，一是以清一色女性组成，以争女权为目标的妇女团体；二是以改造中国为己任的

---

① 赵连城：《同盟会在港澳的活动和广东妇女参加革命的回忆》，载《广东辛亥革命史料》，广东省文史资料研究委员会1962年版，第114页。

进步学生社团。实践证明，前者在参政运动中所获甚微，而后者则为中国共产党的成立做了思想和组织上的准备，并为妇女运动注入了新的理论，进而形成了更加壮观的图景。

（三）大革命时期：女性解放的理论与实践

1921年7月，中国共产党第一次全国代表大会在上海秘密举行。虽然出席这次会议的代表只有13人，代表着全国57名党员，但它标志着一股生气勃勃的政治势力在中国政治舞台上的崛起。在五四运动所涌现的进步女学生中，产生了中共最早的女党员和积极分子。1920年10月，北京共产主义小组成立后，鉴于人数少，小组一致决定补充社会主义青年团中的重要分子。当时的女高师学生缪伯英（1899—1929）便成为小组中最早的唯一的女党员。1921年初，原天津觉悟社女会员刘清扬（1894—1977）在赴法留学途中加入中国共产党，并成为中共旅欧支部的发起人之一。中共"一大"会议期间，为避开租界当局的注意，曾将会址移至嘉兴南湖游船上，而具体联系租船并在船头担负警戒重任的是一大代表李达的妻子王会悟。1921年8月，中华女界联合会在上海发表了改造宣言及章程，改组筹备员除原该团体领导人徐宗汉外，还有王会悟等，而这份改造宣言则是由陈独秀（中共中央局总书记）、李达（中央局宣传部长）审阅过的。这些相关细节的发生象征着中国近代妇女运动的发展已进入与中国共产党的历史同步推进的新时期。

从建党初期的工作侧重看，它以上海、北京、广州、武汉、长沙5个区为基点,一是要求开展劳工运动,建立各区的工会组织;二是由中央局宣传部编印20种以上宣传共产主义的书。推动上海的中华女界联合会实行改组,体现了中共对妇女运动最初的主张。中华女界联合会改组后的纲领如下:

"一 在两性一体的理由上,在男女共同为社会服务的理由上,我们要求得入一切学校与男子受同等教育。

二 在减轻女子家庭痛苦的理由上,我们须帮助成年的女子一切言论行为概不受父母、翁姑或夫的干涉。

三 在纳税、参政、义务、权利平等的理由上,我们要求女子有选举权、被选举权及从事一切其他政治的活动。

四 在男女权利平等的理由上,我们要求在私有财产制度未废以前,女子有受父或夫之遗产权。

五 在男女应有平等生存权的理由上,我们要求社会上一切职业都许女子加入工作,并要求工钱与男子同等。

六 在人权平等的理由上,我们努力拥护女工及童工的权利,为女工及童工所受非人道的待遇痛苦而奋斗。

七 在男女劳动同一阶级觉悟的理由上,我们主张女子参加一切农民、工人的组织活动。

八 在男女对于社会义务平等的理由上,我们主张女子与男子携手,加入一切抵抗军阀、财阀的群众运动。

九 在民族生存权的理由上,我们须与外国帝国主义之侵略奋斗。

十 在人类利害共同的理由上,我们主张与国外妇女团体联合。"①

纲领反映了知识女性和劳动女性的利益诉求，没有把反对军阀、列强，争取民族解放与女性争取人权的斗争割裂开，而是紧密结合在一起，认同女性运动崇高的奋斗目标，吸纳女性的力量，使其加入以人民大众为主体的革命阵营中。这在近代中国妇女运动史上是空前未有的，可以说它开创了中国女性运动的新纪元。从该会的纲领看，其组织原则已含有民主精神。将争取女子享有与男子同等接受教育的权利列为首项要求，注意在女工中发展力量，并有形成全国网络的构想。中华女界联合会的改组显然带有示范意义，1921 年 11 月，中共中央通告各区"'青年团'及'女界联合会'改造宣言及章程日内寄上，望依新章从速进行"②，意味着妇女工作已成为中共各级组织的基本任务之一。

1921 年 12 月，中华女界联合会创办《妇女声》半月刊，当时在上海的中共党员和进步人士陈独秀、沈泽民、沈雁冰、邵力子等都经常为该刊撰稿。该刊明确妇女解放即是劳动者的解放，并宣言道"'取得自由社会底生存权和劳动权！'这是本刊第一次和读者见面时，慎重声明的、我们的标语！"③

---

① 中华全国妇联妇运史研究室：《中国妇女运动历史资料》(1921—1927)，人民出版社 1986 年版，第 12—13 页。

②《中央局通告》(1921 年 12 月 10 日)，引自中华全国妇联妇运史研究室：《中国妇女运动历史资料》(1921—1927)，人民出版社 1986 年版，第 1 页。

③《〈妇女声〉宣言》(1921 年 12 月 10 日)，引自中华全国妇联妇运史研究室：《中国妇女运动历史资料》(1921—1927)，人民出版社 1986 年版，第 28 页。

在宣传上强调两点：一是"要唤起一班有知识的女子加入第四阶级的队伍来从事妇女运动"①，二是"妇女的运动，非从无产阶级中创造出一条唯一的大路不可"，要将精力"移到这无产阶级革命的路径上来"②。由《妇女声》开始，上海成为中共指导妇女运动的最主要的论坛。

随着俄国十月革命的成功，共产党人把劳动者解放外延扩展至女性解放，同时也让"男女平权"不再局限于戊戌、辛亥时期先驱所引介而来的天赋人权观念，而是全新解释了"男女平权"——使人人都有劳动权、生存权，都能自由发展。这样，妇女运动的目标首先是实现无产阶级领导的反帝反封建的民主革命，而不再是狭隘地特指争取女权。无产阶级政党势力的介入，使得近代中国妇女运动在理论和实践上出现了历史性的转折。

1927年2月，全国妇女运动可分为两大区域：一是广东国民政府控制下的湖北、湖南、广东、广西、江西、四川、福建及江浙地区，二是军阀势力控制下的东三省以及河南、山东等。中共领导的妇女运动主要在前者。在此期间主要的推进，一是建立各地女性组织，二是推进城市女工运动的高涨，

---

① 《妇女声》第5期"通信"。第四阶级又指无产阶级。"五四"时期阶级观念始输入中国，时人将阶级分为四种：(1)君主阶级；(2)贵族阶级；(3)中产阶级；(4)劳动阶级。引自中华全国妇联妇运史研究室：《中国妇女运动历史资料》(1921—1927)，人民出版社1986年版，第66页。

② 《妇女声》第5期"俄国妇女解放与中国妇女解放应取之方针"。引自中华全国妇联妇运史研究室：《中国妇女运动历史资料》(1921—1927)，人民出版社1986年版，第139页。

三是提出通过立法保护女性权益的要求。

在国民革命高潮时期，湖南、湖北作为全国农民运动的中心，妇女运动也很有特色。湖南全省妇女代表大会提出的最低口号有男女工资平等、男女教育平等、男女职业平等、禁止溺女或送女、禁止缠足穿耳、禁止蓄婢纳妾、禁止带童养媳、离婚结婚绝对自由等。湖北全省妇女代表大会提出的宣传内容包括放足、识字、职业、教育、参政等。[①]通过广泛宣传，尤其是对农村妇女进行启蒙宣传，其矛头所向"四大绳索"，即毛泽东概括的政权、神权、族权、夫权。同时，国民革命高潮期的妇女运动在方式、目标上所呈现的工农、城乡差异，是妇女运动面临的新问题。

探索中国革命道路，追求妇女解放的实践在1927年遭受了严重挫折，使得这组建不久的妇运队伍受到严峻考验。大革命失败后，在武汉，"女同志及妇女所遭为从未有之惨劫，有被枪决者，有以索穿乳被迫裸体游行者。在上游并发现女尸，剪发、两乳被割、胸腹被剖、浑身浮肿者十数起。至于各党员家属老少，被奸污杀戮更难数"。大革命时期的女共产党员张金保在武汉长江边曾目睹一具从上游漂来的女尸，"赤身裸体，像耶稣被钉在十字架上一样，被钉在一块木板上。女尸的阴户还插着一块二尺长的木牌，上书'请看女赤匪的

---

① 《湖南全省妇女代表大会宣传纲要》（1927年1月26日），《湖北省第一次妇女代表大会宣传问题决议案》（1927年3月18日），引自中华全国妇联妇运史研究室：《中国妇女运动历史资料》（1921—1927），人民出版社1986年版，第758、767页。

下场！谁敢收尸，男盗女娼！'"①面对白色恐怖，有人退却，有人叛变，然而在南昌起义、广州起义的队伍中仍然有不少女战士顶着血雨腥风前仆后继。

无产阶级解放全人类的远大理想和工农大众所蕴藏的伟大阶级力量，使辛亥革命之后妇女运动低落的悲剧没有重演。中共领导的革命实践像旷野火种，女性解放运动在曲折中继续推进。

三、民族国家利益的优先性

（一）女权启蒙的急功近利性

19世纪末至20世纪初，在这一历史阶段，无论是外国传教士，还是近代中国的启蒙者，在关注女性的问题上基本都是"男性女权先声"。日本女性史学者小野和子就曾对此现象进行过批评，认为梁启超等维新者都是用"富国强兵论"来联系妇女解放问题的，这就导致这种妇女解放"绝不是生根于妇女作为人原来所具有的本来权利，也不是基于她们自身的目的"②。这一时期大多"男性女权先声"都是在民族国家的语境中来谈论女性问题的。直到20世纪20年代的新文化运

---

① 汉口《国民日报》(1927年6月15日)，引自中华全国妇女联合会：《中国妇女运动史(新民主主义时期)》，春秋出版社1989年版，第245页；《张金保回忆录》，湖南人民出版社1985年版，第86页。

② [日]小野和子：《中国女性史：1851—1958》，高大伦、范勇编译，四川大学出版社1987年版，第32页。

动时期，以陈独秀、胡适、鲁迅、李大钊等为代表的启蒙知识分子才真正关注到了"女性作为'人'的本身"而非"国家中的女性"。

"男性女权先声"对女性的界定是从"分利者"到"国民母"，所谓"分利者"，也就是旧式的女性形象，不事生产，不识字，缠足，经济来源完全依赖丈夫，且受制于一夫多妾制。这些女性在启蒙家看来是国家落后和民族衰亡的一种象征。因为她们只会"分利"，不会"生利"。"分利"和"生利"将男女两大群体截然区分，影响十分深远，即使到了五四新文化运动时期，依旧为不少知识分子所使用。

值得注意的是，19世纪末20世纪初的启蒙者往往不从女性本位的角度去设计未来的女性形象，在他们那里，女性的历史和现状是其否定和鞭笞中国传统、鼓动民众走现代化道路的一个强有力的理由。从在中国倡设女学、鼓动放足的西方宗教人士林乐知等人，到郑观应、梁启超等主张社会改良的中国男性。一方面，他们所设想的中国女性的基本框架是传统的贤妻良母，他们还妇女以受教育权，无非是要使女性更好地承担起相夫教子的"天职"，从而使国家富强，民族昌盛；另一方面，他们将向来被排斥在传统之外的妇女纳入民族国家的话语体系之中，赋予妇女以现代意义上的教育权、参政权、就业权，甚至婚姻恋爱权，从而使传统的贤妻良母具有了现代意义上的"国民母"或"女国民"的意义。从"分利者"到"国民母"，启蒙者们完成了对现代女性的界定和塑造。

这里不禁有一个疑问，国弱民贫与女子教育是否有必然的关系？①中国的女性问题与富国强民又有多少必然的关系？从中国几千年民族国家的兴衰来看，无论是兵荒马乱还是国泰民安，甚至无论是男性当朝还是女人掌权，女性作为一个受压迫和受歧视群体的命运仍未彻底改变，为什么偏偏在晚清，女性被作为问题提到了关系民族国家命脉的高度？已有越来越多的对历史及现实的审视反省表明这背后隐藏着作为操纵民族国家话语权的男性对此看法的一种转变，也就是说，在西方强大的军事、经济、政治和文化的刺激下，男性在审视自己民族国家衰败时，中国妇女的处境与西方妇女相比就成为一个分外醒目的问题了，就像他们中的一些人企图推倒孔子的偶像或者主张在政治上完全西化一样，他们提出了女性问题，更确切地说，他们企图推倒旧的"妇女观"以建立一套对女性"新"的阐释和"新"的女性时尚，总之，是一种"新"的有关女性的话语。他们在否定"女子无才便是德"的旧习俗，让妇女进学堂接受教育和启蒙的同时，还大力抵制女子缠足的风俗。

　　将妇女问题与民族国家的兴衰紧密相联，更多的是女权启蒙者们对民众的一种社会动员，尤其是唤起女性去协助男性完成建立现代民族国家这一宏大目标的一种方式。因此，女权启蒙以及妇女解放与其说是为了解放一个被压迫的性别群体，还不如说是重新调整男性与女性在整个民族国家中的

------

　　① 参见张玉法在评论吕士朋《辛亥前十余年间女学的倡导》一文时的观点，载《辛亥革命研讨会论文集》，台湾商务印书馆1983年版，第263页。

位置。在这种移风易俗的时代氛围中，男性们还直接向妇女提倡不穿耳、不束胸、剪短发等新风尚，同时还提出和讨论了与妇女有关的早婚问题、废妾问题，等等。可见，在中国的女权启蒙中，男性更关注的是民族国家的救亡图存，而非女性问题本身，女性问题更多时候只是男性话语权力者阐释救亡理论的场所。

从 20 世纪初的历史书页中去寻找女性解放（或称"妇女解放""妇女运动"）的种种足迹，几乎每一次女界的群体行动都是与"国难"或"国运"紧密相关的，在许多历史性的关键时刻，女性大都被动员起来为民族国家的整体利益和前途去奋争，而其自身的利益却被忽略了。在国难深重和民族危机四伏的时期，女性被灌输只有拯救起这危难中的民族国家，方能享受到无二样的公民权益的论调，即女性实现自身最高价值的途径就是为国家和民族利益竭尽全力。女性只有为整个国家和民族的利益竭尽全力，才能实现她们自身存在的最高价值。

中国妇女运动史就是由这样无数的女性个体或群体行为组成，女权启蒙在初期所取得的最醒目、最辉煌的成就是：原本像一盘散沙的女性被集结在民族救亡和振兴国家的旗帜下。在这个被不断界定和描述的妇女运动史里我们很难看到女性为争取自身的利益而奋斗。不夸张地说，中国妇女运动史一定程度上更像部女性爱国史、救国史，绝大部分篇幅都被女性如何为当时民族国家的"中心事件"奋斗所占据。在整个女权启蒙的过程中，不容置疑的女性生存最高理想和原则，就是热爱民族国家并为之付出。而女性自身利益的实现，则毫无疑问地被要求服从于整个民族国家的利益，因而注定在民族国家问题解决之前将被无限期地延宕。

从20世纪初到30年代，在短短的二三十年时间内，中国女性从被企盼成为粗识文字的"贤妻良母"过渡到了救国"英雌"，这中间看似有非常遥远的距离，而实际上却贯穿了男性对女性一如既往的期望与需要。无论是贤妻良母、国民母，还是救国"英雌"，虽然它们在程度上有所递进，但从女性在整个民族国家中的地位这一点来看，依然是将女性视为协助男性实现富国强民理想的从属性力量。①

国史国情使然，中国的启蒙并非初始之目的，而只是救亡的手段。"人们要富国强兵，要救亡，要现代化，但却忘了这一切本身并不能成为终极目的，终极目的只有一个，这就是人自身的完善和解放"，也就是说，"在近代中国救亡的热情中，现实功利的考虑压倒一切而未将救亡看作人自身解放的途径和手段"②。由此，中国的女权启蒙便具有了急功近利性。女权启蒙从一开始就与民族国家救亡运动紧紧连在了一起，可以说没有救亡也就不会产生女权启蒙。在女权启蒙中觉醒的女性，被告诫同时又以她们自身的实践将振兴民族国家视为自己的最高理想和存在方式，以此在长期封闭凝固的氛围中为妇女的"自救"打开了一个"缺口"，从此逐渐改变

---

① 参见刘慧英：《女权、启蒙与民族国家话语》，人民文学出版社2013年版，57—62页。

② 高瑞泉、袁进、张汝伦、李天纲：《人文精神寻踪》，《读书》1994年第4期，第76—79页。

普通国民观念中对女性的轻视和扭曲，并逐渐改变了中国女性在整个民族国家中的地位，这对今天中国女性地位较19世纪所发生的巨大变化，起了不可低估的作用。

（二）集结在民族国家旗帜下的女权进展

进入20世纪三四十年代，中国面临抗日救亡的艰巨任务，这一时期女权的进展以中国共产党开辟的革命根据地为主，主要表现在教育权、婚姻自由权和参政权三个方面。

中国共产党革命根据地的女子教育分三个部分：一是1927—1937年第二次国内革命战争时期的苏维埃根据地的女子教育；二是1937—1945年抗日战争时期的抗日民主根据地的女子教育（也可以1931年为节点划分，1931—1945年为十四年抗战时期）；三是1946—1949年第三次国内革命战争时期的解放区根据地的女子教育。对应地，苏维埃区域的女子教育是兴起阶段，抗日民主根据地的女子教育是发展阶段，解放区的女子教育是巩固和改造阶段。中国共产党革命根据地女子教育的成功经验是新中国成立之后女子教育的重要基础。

苏维埃根据地女子教育的形成大致可以分为两个时期：第一时期是1927—1931年，第二时期是1931—1934年。第一时期属于苏区女子教育的初创时期，其产生直接源于中国共产党土地革命的需要。当时，为了开辟根据地，共产党红军多进行游击战争，一切苏维埃工作都要服从革命游击战争的需要。为此，宣传革命思想、启发劳苦大众的思想觉悟、动员劳动人民参加革命队伍、培养苏区革命干部就随着游击战争的进行而出现了。一般是在红军中创办各种短期培训班、随军学校和教导队等形式进行红军教育，从1927年10月井冈山根据地建立到1931年11月中央民主政府在瑞金成立，女子教育逐渐产生。第二时期是苏区女子教育快速发展时期，而且"苏区教育的基本格局、主要成就和基本经验是在这个时期取得的"。①各类女子教育纷纷出现，且颇具规模。从1931年11月瑞金中央政府成立起至1934年10月红军长征，苏区女子教育主要分为女子民众教育（社会教育）和女子普通正规学校教育。其中，民众教育分为女子干部教育、女子职业教育、女子业余识字教育等；女子正规学校教育分为女童教育和师范教育。

　　儿童学校教育尤其受到苏区政府的重要关注，他们认为儿童是"未来红色世界的主人。"《中华苏维埃共和国宪法大纲》正式确定了要在当时战争许可的范围内实行完全免费的普及教育。苏区女童学校教育的主要形式是创办列宁小学，专门吸收7—15岁的儿童入学，分为全日制和半日制两种，其中半日制是招收年龄较大的儿童，使他们能够半天在校学习，半天在家劳动。所有列宁小学每年都有30天的农忙假。同时，为了使小学布局合理，在全苏区实行小学学区制，三至五里设立一所小学。在苏区政府的推动下，列宁小学发展很快，几乎乡乡有1—3所列宁小学，甚至有的地区村村有列宁小学，这极大地改变了女童教育的落后状况。仅就江西来看，

---

① 毛礼锐、沈灌群主编：《中国教育通史》（第5卷），山东教育出版社1988年版，第160页。

据 1932 年不完全统计，江西有列宁小学 2277 所，学生共计82342 人，其中女生占 19681 人，为总数的 24% 左右。[①]

到了抗日民主根据地时期，女子教育主要是普通民众教育和干部教育，普通民众教育包括女子初等、中等、高等教育和女子群众业余教育。1938 年 11 月，抗日军政大学总校第八大队（女生队）建立，该校女生队专门培养高级女子干部。1939 年 7 月，延安成立了中国女子大学，这是专门为培养女子干部而创办的。与此同时，为了教育广大群众，当时党政机关纷纷发布指示，要求各革命根据地开展冬学运动，如1938 年陕甘宁边区政府认为"边区女子教育特别落后，今后应加强妇女教育"[②]，遂颁布办法要求展开冬学运动来教育不识字的青年女子。1940 年 9 月，延安成立了延安自然科学院，时为抗战期间中共建立的第一所理工科高等院校，学校也有女生在读。1941 年 9 月之后，中国女子大学、陕北公学、泽东青年干部学校合并成立了延安大学。1943 年 4 月，又有几所学校合并到延安大学，包括延安自然科学院、民族学院、鲁迅艺术学院以及新文字干部学校。到了 1944 年，延安大学的学生已超过千人。除了陕甘宁边区之外，晋察冀根据地及其他抗日民主根据地的高等院校也都有招收女生。

中国共产党的女子教育相较于之前的女子教育，具有更

---

① 毛泽东:《中华苏维埃共和国中央执行委员会与人民委员会对第二次全国苏维埃代表大会的报告》，江西省教育学会编:《苏区教育资料选编》(1929—1934)，江西人民出版社 1981 年版，第 62 页。

② 陕西师范大学教育研究所编:《陕甘宁边区教育资料》(上)，教育科学出版社1981 年版，第 3 页。

鲜明的平民性和革命性。从教育宗旨、目的、招生对象和招生范围等来看，共产党女子教育是从广大劳动人民的利益出发来推进教育的。在中国共产党成立时，以李达为代表的早期共产党人就提出平民教育主张，并创办平民女学校，"目的是为无力求学的女子设工作部，替她们介绍工作以维持生活；实行工读互助主义；为年长失学的女子设专班教授，务使在短时期内使她们获得最多的知识；为不愿受机械教育的女子设专班教授，使之能自由发展个性"①，在后来颁布的《中华苏维埃共和国宪法大纲》第十二条更是提到"在进行阶级战争许可的范围内，应开始施行完全免费的普及教育"②。

基于当时战争需要，共产党女子教育把提高妇女的政治水平放在特别重要的地位，在教育中传授马克思列宁主义思想，反对帝国主义、封建主义，明确提出努力奋斗以完成共产主义事业。在课程设置和学习方法上也体现了女子教育的革命性，在陕甘宁边区的中国女子大学所开设的课程主要就是社会形式发展史、政治经济学、马克思主义、哲学等，在中国革命基本问题方面开设中国问题、中国共产党问题、三民主义等课程。在具体学习过程中，要将个人专业和集体斗争所需集合起来，理论学习和实践锻炼统一起来，比如，她们白天需参加站岗、农业生产、战地服务等革命运动，而在晚上则组织起来进行提升学习。

---

① 李达：《平民女学是到新社会的第一步》，全国妇联运动史研究室编：《中国妇女运动历史资料》（1921—1927年），人民出版社1986年版，第45页。

② 皇甫束玉、宋荐戈、龚守静编：《中国革命根据地教育记事》，教育科学出版社1989年版，第50页。

随着共产党女子教育的发展，很多妇女摆脱了文盲，参加革命和生产。以危秀英、范乐春、王泉媛、李坚真、钱希均、邓六金等为代表的贫困妇女，通过接受教育，由大字不识的文盲成为具有马列主义思想的领导干部，极大地推动了广大苏区和解放区妇女的经济独立和政治解放进程。

在争取女性的婚姻自由权上，是一个艰难曲折的过程。在贫穷落后而又愚昧的农村，要根除异常顽固的封建婚姻制度是困难重重的。各种形式的封建买卖婚姻流行，特别是童养媳陋俗的广泛存在，严重阻碍着革命根据地女性婚姻的解放。早在1928年6月中国共产党第六次全国代表大会上就制定了《妇女运动决议案》，直接提出了关于农妇的切身利益要求，比如反对多妻制、童养媳、强迫出嫁、享有离婚权等。1930年2月出台的《关于妇女运动问题决议案》制定了"妇女的要求纲领"："（1）反对家婆打骂媳妇。""（4）反对老公打骂老婆。""（8）取消童养媳制度，以后不准再娶童养媳。（9）不准虐待童养媳。（10）取消父母所订婚姻，反对父母包办婚姻。（11）禁止买卖婚姻。（12）男女离婚结婚不准第三者干涉。（13）援助被压迫者妇女离婚。（14）妇女离婚所有衣服首饰任其带去，分得田地照土地问题办理"[①]。

在此基础上，各革命根据地开始尝试制定了自己的暂行婚姻法，进行婚姻制度的变革。湖南革命根据地在1930年进

---

① 《中共闽西特委第二次扩大会议关于妇女运动问题决议案（1930年2月28日）》，中华全国妇女联合会妇女运动历史研究室编：《中国妇女运动历史资料》（1927—1937），中国妇女出版社1991年版，第93—95页。

行婚姻革命的实践,制定了暂行婚姻法,规定:"婚姻制度:
(1)以自由为原则,实行一夫一妻制;(2)禁止买卖婚姻,
包办制度……(5)取消贺婚礼聘;(6)禁止童婚;(7)凡属
结婚离婚,经由区乡苏维埃登记者为有效。离婚条件:(1)
男女年龄相差太远者……(6)男女双方愿意者……(9)妇
女有受翁姑丈夫压迫,经苏维埃证明者。"①此婚姻法的实施
取得了很好效果,也影响到其他革命根据地婚姻法的制定与
实行。最后,苏维埃中央政府吸收革命根据地暂行婚姻法实
施的经验教训,1931年11月制订了《中华苏维埃共和国婚姻
条例》,于12月1日由当时的中央执行委员会主席毛泽东签署
后公布实行。该婚姻条例共有七章,分别是:原则、结婚、
离婚、离婚后小孩的抚养、离婚后男女财产的处理、未经结
婚登记所生小孩的抚养、附则七项内容。后又于1934年修订
了婚姻条例,重新颁行了《中华苏维埃共和国婚姻法》。1937
年抗日战争全面爆发之后,共产党革命根据地多在农村,经
济文化落后,残破贫穷,传统专制思想和宗法观念根深蒂固,
有各种畸形野蛮的婚姻陋习。1939年4月,陕甘宁边区颁布
了《陕甘宁边区婚姻条例》,条例的精神就是男女结婚遵循自
由意志,体现了男女平等原则。在此基础上,各地陆续订立
出规范和推行婚姻条例的法规。比如,1942年陕甘宁边区发
布的《陕甘宁边区抗属离婚处理办法》,1943年晋冀鲁豫边区

---

①《湖南省工农兵苏维埃布告(1930年)》,中华全国妇女联合会妇女运动历史
研究室编:《中国妇女运动历史资料》(1927—1937),中国妇女出版社1991年版,第
100—101页。

颁布的《妨害婚姻治罪暂行条例》，等等。这些婚姻条例有规定禁止近亲结婚的内容。抗日战争胜利之后，1946 年 6 月，陕甘宁边区再次颁布新的婚姻条例，除了强调婚姻自由、自主、平等的原则，还进一步补充了对少数民族婚姻、男女订婚、对孕妇产妇的离婚等规定。比如"女方怀孕期间，男方不得提出离婚，具有离婚条件者，亦须女方产后一年，始得提出，但经双方同意者，不在此限"[①]。这些规定使得婚姻法日趋完善。

可以说，从中央到地方各级党政组织付出了巨大努力，颁发了大量文件和指示，进行了很多调查研究，采取了许多奖惩措施，一步步教育和启发了广大干部群众的思想觉悟，才使婚姻条例得以全面推行，婚姻自由的原则和自由婚姻的实施逐渐普及。这是近代中国婚姻制度的重大进步，有力推动了苏区女性解放运动的发展。

革命根据地的女性参政运动也在共产党的领导下，有组织的进行，并以农村女性为主体，具有广泛的群众性和民主性。根据地女性绝大部分属农妇，她们长期受封建传统势力的压榨，一直远离社会，对政治一无所知，致使在根据地初期，妇女工作无法开展，各项革命活动难以进行。因此，共产党迫切需要占农村人口半数的妇女参加到根据地政治活动中来，因此通过培养一批妇女人才，来发动更广泛的妇女参

---

①《陕甘宁边区婚姻条例(1946 年 6 月 4 日)》，中华全国妇女联合会妇女运动历史研究室编:《中国妇女运动历史资料》(1945—1949)，中国妇女出版社 1991 年版，第 46—47 页。

政，再有组织地引导妇女参政意识觉醒。1934年1月，中共闽浙赣省委妇女部专门下达了加强训练妇女干部的通知，从省到乡层层开办女子训练班，培养女干部。很多农村女性从一字不识的普通妇女成长为能读能写甚至能起草报告的具有一定文化知识的女干部，她们从不敢抛头露面到有了参与革命政治的热情，农村妇女参政活动逐步顺利展开。

通过宣传和动员妇女参加选举活动，是共产党引导妇女参政的第二步。初期，农妇压根不知道什么是选举与选举权，更加不明白这是她们个人政治权利的体现和提高其政治地位的重要标志。于是，妇女干部便开始发挥带头人的作用。她们深入群众，动员妇女参加选举。比如，她们挨家挨户以自己的亲身经历和感受为实例进行宣传教育；与妇女谈话，了解和帮助她们生活中的困难，鼓励她们发表对本村本县本区干部的看法，使她们认识好人当选与自己的重要关系；重视自己的地位和权利；同时，还发动男干部和积极分子回家向自己的妻子、母亲、媳妇、女儿解释选举的意义；动员男选民把自己的妻子带去开会；或者由当地有威望的妇女领头去开会；实在不愿意去的或者不能去的，就把选票送上门去做工作；等等。

陕甘宁边区在1937年5月12日颁布的选举法允许每一个年龄16岁以上者"无论性别、宗教、民族、经济或者文化"都享有投票或者参加选举的权利。选举采用无记名投票的方式进行，为了解决大量不识字的选民需要有文化的人帮助他们投票的问题，他们采用在每个候选人背后碗里放豆的做法。

投票者走过，然后在他们所选择的候选人的碗里放豆。具有重要意义的是，共产党确保这些选举运动能够使得这些投票起到教育民众了解关于新民主、土地改革，甚至是妇女解放的作用。在根据地，女性具有参政权，无论是在抗战还是内战期间，她们都被鼓励作为投票人和候选人全面参政。1939年，延安的《中国妇女》写道，中国的女性已经离开家庭进入政治领域。妇女代表已经成功地占到了国民参政会代表总人数的 5%，陕甘宁边区政府参议员的 25%。[①]在当时，女性参政成绩最突出的是山东。1940年山东鲁中分区的村选达到95%，晋冀鲁豫有 2 个县达到了 75%，晋绥 8 个县达到 65%，苏皖边区达到了 50%。仅苏皖解放区的 23 个县市中，从村、乡、区、县、市到分区的各级女工作者就有 1778 人。[②]

通过共产党的积极引导，根据地妇女参政的态度有了明显改变，从过去对政治的无知和冷漠，转向对政治的理解、关心和积极参与。正是这一大批女性积极参加根据地的政治活动，选出了真正有能力、不徇私、有一定文化的妇女到根据地政府部门工作，上至女议员、下至村干部、女工作者，各处皆有女性的身影。与国民党统治区比较，共产党根据地虽然范围较小，但是妇女参政人数却远远高于国统区，女性在国民党统治区参议会和共产党根据地参议会中的比例对比很明显，其影响和效果大大超过了国统区，从而成为全国妇

---

① 《发刊词》，《中国妇女》第 1 卷第 1 期（1939 年 6 月 1 日），第 3 页。

② 《中国解放区妇运情况报告》，1946 年 12 月 15 日《新华日报》副刊《妇女之路》（下），第 147 期，重庆市妇女联合会妇女运动史研究组编辑出版，无出版年月，第 482 页。

女参政活动的典范。可以说，在很大的程度上，正是众多农妇们积极踊跃参加革命政权的建设，才决定了广大农村妇女解放运动的成功，保障了革命根据地的稳固和革命的胜利。

四、小结

在近代中国思想启蒙背景下的女性解放之路虽走得很是艰辛，却似乎也较顺畅。事实上，在民族解放运动过程中，中国女子的受教育权、婚姻自由权、参政权等权利一步步确立起来。国将不国，民何以为民？没有独立自由民主的国家，便谈不上妇女权利。总体来看，在近代中国思想启蒙影响下的女性解放运动往往皆以救国、爱国、反专制、争民主为第一要务，尤其当民族国家面临危机的关头，她们对救亡图存、民主共和的迫切要求甚至超过了对她们自身权利的渴望，而把争取男女平等、男女平权作为民族民主革命的自然成果。在这个意义上，我们认为中国女权的获得在很大程度上要归功于民族解放运动。

第五章　女性群体的身份自觉

受启蒙的对象既有精英，也有大众，既有男性，也有女性。随着启蒙思想的传播，愈来愈多的女性接受了女权思想并有了独立自主的意识。相较于革命女杰的激烈突进，晚清城市中还有另一批具有初步女权思想的女子领袖，她们参与公共事务所采取的方式是较接近于传统强调的贤妻良母的女性角色，及性别情谊之间的联系，以达到影响彼此的目的，其组成人员多数是社会阶层中隶属于上层的一群女子。上层女性为妇女大众表率而身先士卒，其所扮演的社会性别运动领导者的角色与政治革命女杰的冲锋陷阵，似乎有着相同却又相异的地位，不可否认的是，这二者之间的合流与分途是研究中国妇女运动发展不可忽略的重要线索。与此同时，由女性主导的以性别诉求为核心的爱国运动中，愈来愈多的女子团体出现，促成妇女社群彼此的呼应联结逐步建立，彼此浸染更易发挥女性启蒙的作用，更有助于推动男女平等的思想和培养女权性别意识。

一、女子团体热潮

(一) 中国女学会

早在清朝康熙、乾隆年间，就出现由女子结成的团体，比如"蕉园诗社""清溪吟社"等专注于诗文的纯粹的文学诗社团体，但其与近代女子团体有着本质上的差别。

1907年，吕碧城在《女子宜急结团体论》一文中揭示了西学东渐与近代女子团体产生之间的关系，"自欧美自由之风潮，掠太平洋而东也，于是我女同胞如梦方觉，知前此之种种压制束缚，无以副各人之原理，乃群起而竞言自立，竞言合群"①。早期的女子诗社团体其实是男女限隔的结果，而晚清出现的女子团体是基于女子独立意识的自觉结合，不再是单单局限于文学和狭小的地域范围，所以不一定相互熟悉了解。共同的理想和主张是她们结成社团的重要条件，而且晚清的女子社团并不排斥与男子的合作。

排除各种宗教性质的女修会，近代真正意义上满足上述特征的女子团体应当为中国女学会，其实女学堂的筹备开始时间要早于女学会的设立时间，但女学会却早于女学堂正式开学，并将推动女学堂的创办作为一项事业，后期"中国女学堂"的名称也改成了"中国女学会书塾"②。学会同人潘璇

① 吕碧城:《女子宜急结团体论》,《中国女报》2号,1907年3月。
② 沈和卿、赖妈懿:《中国女学会书塾章程》,《新闻报》,1898年3月17、19—20日。

的《上海〈女学报〉缘起》中关于女学会、女学堂、女学报三位一体，而以"女学会"为"根本"之说①，原因就在于此。

1898年创办的《女学报》正是中国女学会的会刊，所以就中国女学会的成员来说，很大一部分也是该刊的主笔。第1期刊出的"本报主笔"为下列18人：薛绍徽、裘毓芳（梅侣）、潘道芳、沈瑛（和卿）、蒋兰（畹芳）、刘靓（可青）、丁素清、章兰（畹香）、龚慧顠、文芸英（静芳）、康同薇（文僴）、李端蕙、廖元华、睢念劬、沈静英、沈翠英、朱莳兰、潘璇（仰兰）②。此名单到第3期后不断增减，新加入者如周莲（远香）、吴莲仙均为女学堂教习③。尽管1898年9月21日戊戌政变发生后，康、李、廖等人被除名，但中国女学会仍在勉力维持，这从当年9月28日，经元善夫人向林乐知之女林美丽（又有译名林玛莱、林梅蕊，Miss Mary Louise Allen）签发中国女学会名誉会员证书可知。④

中国女学会成立的初衷就与办学相关联，故其创会宗旨也是提倡女学，这在其英文会名"The Society for the Diffusion

---

① 潘璇：《上海〈女学报〉缘起》，《女学报》2期，1898年8月3日。

②《本报主笔》，《女学报》1期，1898年7月24日。括弧中为原文所用别号，睢女士名系据《女学报》2期（1898年8月3日）补。

③ 参见夏晓虹：《上海"中国女学堂"考实》，《中国文化》2010年春季号。

④ 证书英文原文见Mrs. Timothy Richard（李提摩太夫人）"History and Working of the first Girls School Opened by the Chinese"后Dr. Young J. Allen（林乐知博士）的补充，Records of the Third Triennial Meeting of the Educational Association of China, Held at Shanghai, May 17–20, 1899（Shanghai: American Presbyterian Misston Press, 1900），p161。

of *Knowledge among Chinese Women*"也可以反映出来，在其后续的发展中也逐步转向女学与女权并重，并给后续兴起的诸多女子团体做出了表率。不过，在创建初期的中国女学会并不具有完全独立的姿态，外董事们实际充当着举足轻重的作用。在中国女学堂第四次筹备会上，也做出了事项由内董事"容转商外董事，再行送册，请列芳名"①的制度安排。随着时局的发展，1899 年《女学报》停刊，1900 年中国女学堂停办。②

之后的短暂时期内，各地续办了各种与中国女学会性质相同的会社，但都没有产生较大的社会影响。直到 20 世纪初，由留日女学生发起成立的女子团体，才又将女子团体这一社会现象重新推向热潮。

(二) 20 世纪初的女子团体热

随着留日学生的不断增长，大批进步青年在异域相聚，在同乡会发展之外，还成立有名目繁多的各种团体，其中也包括在日女性组建的女子社团。这些团体已经完全去除与男性的依赖性，对于社团中成员自由参加其他组织无限制性规定，且可以与男子共同议事。社团发展较之中国女学会时期，已有了长足的进步。

1903 年，留日女学生胡彬夏等人在东京组织成立了"共

---

① 《巾帼多材》，《新闻报》，1897 年 12 月 7 日。

② 参见徐楚影、焦立芝《中国近代妇女期刊简介》，丁守和主编《辛亥革命时期期刊介绍》第四集，人民出版社 1986 年版，第 681—682 页；经元善《答原口闻一君问》，虞和平编《经元善集》，华中师范大学出版社 1988 年版，第 348 页。

爱会"，是在日本成立的第一个女子团体，在《浙江潮》《江苏》等杂志上发布了该团体章程，明确其宗旨为"拯救二万万之女子…以得自尽女国民之天职"，凸显出其政治社团定位，不再局限于争女权，还把女子的国民意识提升至较高要求。共爱会认为妇女的命运关乎国运，"兴我国于已亡，拯斯民于涂炭，他日我开化最早之中国，驾陵欧美，雄飞世界，达文化最高之点"，并且坚信"我共爱会大有力焉"。[①]可见共爱会不单是妇女社团，亦是救国团体，这也在之后事件中得到印证。

共爱会成立不久，恰逢俄国无理吞并我国东三省，引起了国内外各界人士的极大愤慨，随即发生了席卷全国及海外华人社会的拒俄运动。在这次浪潮中，共爱会也举行特别会议，或表明报国从军之意，或愿任看护伤员之职，同时致电上海女学校曰"国祸急，女生入赤十字社，同义勇队北征，告女学校协助"[②]，显示出海内外的声气相通。

1904年7月，秋瑾到达日本之后，不满于当时共爱会涣散的现状，于当年11月提出"重兴共爱会"的口号，目的是"欲结二万万女子之团体"[③]。即使归国之后，秋瑾仍心系此事，未放弃这一目标，其在1907年1月发表的《〈中国女报〉发刊词》中宣称"吾今欲结二万万大团体于一致，通全国女界声息于朝夕，为女界之总机关"[④]。就此而言，秋瑾的计划

---

① 胡彬夏：《祝共爱会之前途》，《江苏》6期，1903年9月。

② 《拒俄事件》，《浙江潮》4期，1903年5月。

③ 《留学日本秋女士瑾致湖南第一女学堂书》，《女子世界》2年1期，1905年6月。

④ 秋瑾：《发刊词》，《中国女报》1期，1907年1月。

与原共爱会的宗旨可谓一脉相通。

共爱会成立之后，在日本也陆续成立了其他女子社团，其中影响较大的有"中国留日女学生会"与"女子复权会"，类型各有不同。中国留日女学生会于1906年11月20日成立，发起人为湖北女留学生李元，创会宗旨是"联络情谊、交换智识、推广公益"，意在帮助留日女生解决生活、学习上的各种困难，彼此之间互相帮助和提携。而女子复权会则不同，是纯粹政治性的学术团体，由何震、周怒涛等人提议创办，其宗旨是"确尽女子对于世界之天职，力挽数千载重男轻女之风"[1]，以"实行男女绝对之平等"为最高原则，最终实现无政府主义理想。由于参加者悬的之高、理论色彩之重，导致该会后来依然只是个少数激进知识分子的小群体，对社会产生的影响有限。

除了上述的女子团体，比较著名的还有"中国妇人会"，与其他以女学生或女志士组成的团体不同，这个团体是由社会上层女性组成的慈善团体，在人员的构成上带有贵族性，入会者资格也有限制。该女子团体的宗旨可概括为"盖欲提倡女界公益，以实行自立立人、慈善博爱之美德"，入会会员的义务主要是救灾恤难、扶助进化、讲求实业、敬爱同体。在募集赈款的活动中发挥较大作用。

晚清很多妇女团体都是出于某种特殊需要而创办的，比如，在拒俄运动的高潮中成立的"对俄同志女会"[2]，反映着

①《简章》《女子复权会简章》，《天义》8—10卷合册，1907年6月。
②参见《对俄同志女会广告》，《俄事警闻》，1904年1月22日。

晚清时期女性参与国事的热情，因其组织目的单一明确，故其活动范围有所制约。相比较之下，依托于女子学校的教育团体，则更为普及，例如吕碧城发起创立的"女子教育会"，张竹君兴办的"女子兴学保险会"。除了北京、上海、广州等大城市，在偏远的云南地区张雄西也曾做过创办"女界自立会"的努力，以图解决被迫卖身的女子"恢复女权之基础"①。此举虽未必成功，但可见当时女子设立团体之普遍。

总的看来，晚清女子团体呈现出多阶层、多类型的特点，出于对群体力量的信赖，这个时代的女子更多以集体对社会进行发声，必须依靠有志同道合者，进而结成"完备坚固之大团体"，"则同根之树，必无此枝荣彼枝悴之理"，女权的复兴才有可能实现。②虽然由于诸多因素，很多女子社团未正式开始活动便已消亡，也有些社团只进行了短暂的活动亦很快消失。但这些掩盖不住从废缠足起，经由女学堂、女报、女子团体的组成，其中所映现的女性群体意识觉醒的光辉。

（三）马克思主义女性观的传播

随着马克思主义妇女理论在国内的传播，女性群体权利意识进一步苏醒，加快促进了中国妇女运动的发展。其实早在新文化运动之前，中国就出现过对马克思、恩格斯的介绍，最早言及马克思、恩格斯的当属外国传教士在上海创办的

---

① 张雄西：《创立女界自立会之规则》，《云南》1号，1906年10月。
② 吕碧城：《女子宜急结团体论》。参见夏晓虹：《中国近代思想家文库（金天翮 吕碧城 秋瑾 何震卷）》，中国人民大学出版社2015年版。

《万国公报》。1899年2月至5月，该报第121册至124册连载英国传教士李提摩太节译、中国人蔡尔康笔述的《大同学》一文，称"英人马克思"为"百工领袖著名者"，又称"德国讲求养民学者，有名人焉，一曰马克思，一曰恩格思（斯）"。《大同学》实际上是翻译英国社会学家、哲学家本杰明·颉德的著作《社会的进化》前三章而成。尽管作者并不完全了解马克思和马克思主义，却使马克思主义诞生半个世纪后第一次出现在中国。

马克思主义的女权思想最早是由无政府主义者译介的。1907—1908年，何震在《天义报》上先后刊载了《经济革命与女子革命》（在其附录中摘译了《共产党宣言》关于家庭和婚姻制度的论述）以及恩格斯《家庭、私有制和国家的起源》第二章的译文。虽然她只是把马克思主义作为学说来介绍，论述不是特别到位，传播范围也有限，但其意义在于使马克思主义女性解放的主张首次在中国出现。

俄国十月革命胜利之后，马克思主义及其妇女解放思想在中国迅速传播开来。俄国妇女解放运动也备受进步人士的关注，以期在其中找到中国妇女运动可借鉴的经验，《新青年》《觉悟》《妇女周刊》等报刊都登载文章或者开辟专栏讨论俄国妇女状况。1919年，上海《民国日报》发表的《劳农政府统治下之俄国——实行社会主义之俄国真相》，《少年世界》刊登赵书愚翻译的《列宁对于俄罗斯妇女解放的言论》，《东方杂志》报道恽代英摘译的《家庭、私有制和国家起源》第二章内容，都是当时知识分子渴望向大众推介俄国妇女解放运动的尝试。也有部分学者对于国外妇女运动的领导者予以介绍并大加赞赏，如李大钊在《现代的女权运动》一文中介绍国际妇女运动领袖蔡特金（Clara Zetkin）时称赞其"示全世界劳工阶级妇女以正当的道路"[①]，李达也在上海《民国日报》副刊《妇女评论》上宣介了德国斯巴达卡司团的社会革命罗扎女士和德国社会民主党的克拉拉女士。

随后，部分先进的知识分子尝试将中国妇女问题与马克思主义妇女理论相结合来研究。李大钊就曾先后发表《战后之妇人问题》《妇女解放与Democracy》等文章，在民主运动过程中研究妇女解放问题，他认为"我们若是要求真正的Democracy，必须要求妇女解放"[②]。李达在《女子解放论》一文中，从唯物史观的角度，尝试系统分析妇女受压迫的经济原因，进而探讨妇女获得解放的根本条件。他认为在历史上，举凡道德、风俗、习惯、法律、政治、经济上的种种方面，凡是女子所处的地位，无一不在男子的下层。他还从男女共同教育、婚姻制度之改革、女子精神的独立、女子经济的独立、男女普遍选举之实行、家庭恶习之废止、娼妓之禁绝等七个方面具体论述妇女解放的条件，并大声疾呼，"为女子的应该知道自己是个'人'，赶紧由精神物质两个方面，预备做自己解放的事"[③]。

---

① 李大钊：《现代的女权运动》，《李大钊文集》（下），人民出版社1984年版，第516页。

② 李大钊：《妇女解放与Democracy》，《李大钊文集》（下），人民出版社1984年版，第102页。

③ 李达：《女子解放论》，《李达文集》第1卷，人民出版社1980年版，第18页。

包括毛泽东在内的青年知识分子也在这次思想传播中受到影响，1915年还在湖南第一师范就读的毛泽东就发出《征友启事》，呼吁长沙各校的男女青年冲破封建罗网，关心国是。1919年，他还在《北京大学月刊》上发表《问题研究会章程》一文，专门探讨了包括参政、教育、贞操、男女同校、恋爱等19个"女子问题"。①1919年下半年，毛泽东开始接触马克思主义，并迅速接受了唯物史观的研究方法，并用之于中国妇女问题，认为妇女受压迫的根源是封建社会制度，在当时的社会情况下，妇女要想真正获得解放，必须在经济上就实现独立，并且要进行"小联合"，即要联合劳苦大众寻求共同利益，并"与立在我们对面的强权者相抗"。②

马克思主义妇女解放理论传入中国后，启发了人们从社会、历史、制度根源上探究妇女受压迫的原因，突破了女权主义的局限，廓清了与无政府主义的区别，指明了妇女解放的性质、目标和道路。

二、性别新景观——女性群体的涌现

(一)女学生群体涌现

相比较于清末革命中女杰的激烈突进，晚清城市中还浮

---

① 中共中央文献研究室中共湖南省委《毛泽东早期文稿》编辑组编：《毛泽东早期文稿》，湖南人民出版社1990年版，第397页。

② 毛泽东：《民众的大联合》，《湘江评论》，1919年7月28日。

现出另一批具有初步女权思想的女子领袖，其行动的组成分子多半是社会性别阶层中隶属于上层的一群女子，主要是通都大邑的绅商女性戚属、女教职员、女留学生等，其运动方式主要采取劝说演讲，多由少数几位妇女召集会议，以集体结合的形式参与活动出现。显然这些上层阶级妇女有较优渥的经济条件及有力而广泛的人脉，足以支持她们进行社会工作。她们不急于突破社会限制，同时也不注重扬显个体自我。上层社会女性为妇女大众表率而身先士卒者，其所扮演的社会性别运动领导者的角色与政治革命女杰的冲锋陷阵，似乎有着相同却又相异的地位，不可否认的是，这二者之间的合流与分途是研究中国妇女运动发展不可忽略的重要线索。相比较于女杰孕育于特殊的政治形态中，上层社会女性的温和改变往往成为剧烈变动时，被用以修正激烈突进的一股力量，虽然这种修正是经过磋商、协调之后的结果，但在女权整体提升上依然有着不可磨灭的贡献。

上层社会女性亦以爱国不落人后的方式进入妇女运动历史中，包括拒美工约、争取利权、辛亥革命时的募款捐输、裹伤救护工作等都有其身影。就晚清对外争取利权运动为例，基于女子的性别取向而策划的爱国行动方针即以劝募集资方式向女性宣传为国输财以尽己之力的意义。显然，由女性自身提出的爱国行动方针与维新、革命派出于政治上的目的而提出的女性改造论述内容，有不同的发展方向。晚清以降，由女性主导的以性别诉求为核心的爱国运动，促成愈来愈多的女子团体出现，这个现象展现的是妇女社群彼此的呼应联结逐步建立，如此更易发挥女性启蒙的作用，彼此浸染更有助于推动男女平等的要求和培养女权性别意识。①上层阶级女子的觉醒是女界重要的改变，与政治运动中活跃的女子不同的是，她们提供女子组成团体必要的经济支助并且扮演领导角色，在推展新观念及新行动之时，采取的是一种较温和的改变方式，如此得以使"传统"调适成现代所需，在清末民初的快速变迁中成为引领女性改变不可忽视的重要力量。但也因为上层女性特殊的处境，使得她们比较不会产生攻讦社会不平待遇的声音，也就是由她们出面所组织的团体多半以爱国、贡献社会为号召，极少标举改良社会的目标，对于社会性别待遇并未有反叛、冲击的巨大作用。此一温和求变的路线，随着女学生人数的增加，逐渐被转化从而注入更多性别女权意识。

清末民初的女学生是时代的新生儿，其出现本身即是一种新社会现象。自改革派倡兴女学后，她们即成为占据报端的新宠儿，装扮、活动、举止都是社会注目的焦点，各种在报章杂志披露出来的舆论，共同构筑了"女学生"成为新兴的社会群体。围绕着"女学"及"女学生"的论述，也体现了清末民初的社会演变，女学生逐渐成为社会性别改革中的主导力量。

女学生是传统社会中未曾出现的性别社群，代表着两种身份——女子、学生的叠合。这种双重性使得清末民初女学

---

① 吕美颐、郑永福：《中国妇女运动（1840—1921）》，河南人民出版社1990年版，第181页。

发展初期，主持教育者及受教育的女学生皆面临教育设计及目标上究竟是女子身份还是学生身份先决的考验。这种考验的显明例证在于比起男子教育而言，官方对女子教育的设计，最引人注目的莫如不谨男女之防。清廷原本固守长久的历史传统，即学术及政治拒绝对女子开放，但随着私人兴学的蓬勃发展，受教育的女子表现出的积极主动的社会参与力量使得清廷的统治备受威胁。为获取统治上的安定及削弱新兴女学生对于性别改造所带来的冲击，官方制定了女子教育方针来引导官版的社会性别。由官方态度的转变可见女子权利的获得必须由女子自身推进，不能仅仅依赖男性。

官方女学的设计不只视妇女为家庭协作者的角色，更是将女子教育设计成为维持社会秩序的环节。1903年（光绪二十九年），清廷颁布《癸卯学制》，在改定教育系统之时，首次提出有关女子教育的内容。学制设计是将女子教育置于家庭教育范围中，这样的教育宗旨与其说是助成女子自我能力的提升，更像是监视限制女子的发展。1907年，清廷颁布《女子小学堂章程》及《女子师范学堂章程》，正式将女子教育列入学制系统。两个章程都强调女子教育宗旨为启发知识、保存礼教二者并重。值得注意的是，妇德不仅仅如同传统社会被视作教育指导原则，至此更被看作是衡量女子受过教育的判定。"修身"被举为课程首要科目，其旨在初小教育为"孝弟慈爱，端敬贞淑，信实勤俭诸美德"①；高小则以初小为基础，而愈加陶冶务其"援引古今名人及良媛淑女嘉言懿

---

① 舒新城：《中国近代教育史资料》下册，人民教育出版1961年版，第802页。

行，以示劝诫常使服膺勿忘"[①]；女子师范教育则注重培养贞静、顺良、慈淑、端俭诸美德[②]。总之，不论官立或私办女子学校，其设定的女子教育目标并不鼓励女子追求高深的学问，或者是专门职业的钻研，这二者在男子教育的设计上较为显著。[③]女子教育所重在于其作为风俗导正、社会改良的锁钥，特别是官方从教育指导者出发，更将女子教育看作是维持以社会稳定为核心的学制体系、教育安排，也就是刻意降低女子将教育视作个人志趣、未来职业、经济独立、生活保障的自我培养手段。

这种矛盾的性别教育内容，随着女性步入公共领域脚步的加快，遭到严厉的挑战。女学生开始挑战矛盾重重的女子教育设计，面对不合理的规定，她们公开抗争，不再任由官绅摆布。北京女子师范学校的男校长俞长霖由于表现出了性别偏见遭到了女学生的抗议，最后被逼辞职。在妇女解放史上这是值得大书特书的事件，它意味着女子教育从被动接受期进入自发改革期，面对教育系统的模造，她们不再是沉默的被改革对象，性别主体自觉思想已逐渐萌发。且经由女子教育有效地凝聚了一个性别群体，其结果是展现面向社会的行动力。清末学生参与的社会运动，举凡集会、请愿、上书

[①] 舒新城：《中国近代教育史资料》下册，人民教育出版社1961年版，第802页。

[②] 高华德、崔薇圃：《论中国近代女学的产生和发展》，《齐鲁学刊》，1995年第4期，第31页。

[③] 1898年（光绪二十四年）《覆奏京师大学堂章程》中，有谓"此次设立学堂之意，乃欲培非常之才，以备他日特达之用"，与女子教育截然不同。周守同：《中国现代教育史》，上海良友图书出版公司1934年版，第18页。

等政治组织及行动都渗入了女学生群体。广东发起争西江捕权，女学生方面由壹德女校首倡，联合坤智、颂贤、育坤、夏葛、真光、通志女学堂学生百人集会；[1]清末禁烟运动，北京女学生组织中国国民妇女禁烟会响应；江浙保路运动中，宁波女学界召开特别讲演会邀集城中女士劝说捐款；常州粹化、半园、争存各校发起保路会；上海各女校开保路会集款认股。[2]社会行动的实践经验与萌发的性别意识结合，表现出的是女学生为改革不合宜的教育体制，奋起与当政者交涉。1905年后女学生发动罢课退学的情况日益增多，她们被称为"学潮中奇峰突起的新军"。

可以说，女学生是一群摆脱了过去宗族血缘、地缘束缚的新社群。在就学过程中女生离家的情况日益增多，女学生将学校改变成为一个性别范畴的新活动空间，逐渐摆脱清末女教初兴时的闺塾化倾向，而身份则由小学生、中学生到出校后成为女教育者。随着活动空间的移动，女子追求独立的意识日益强烈，她们对于社会上对待女子的各种待遇有着较深刻的体认。[3]清末民初的兴女学运动，促使以城市为中心产生了一批新式教育下的女学生，其人数不断上扬，据粗略估计，1914年全国有女校3632所，女生177273人，至1915年全

---

①《女界集议力争西江捕权情形》，《中国日报》，1907年11月27日。

② 中国国民党中央委员会党史史料编纂委员会：《江浙铁路风潮》，文物供应社1968年版，第407、409、377页。

③ 参见柯惠铃：《近代中国革命运动中的妇女（1900—1920）》，山西出版传媒集团2012年版，第81—103页。

国女校 3766 所，女生 180949 人[①]，以年龄相近者入同一学级的情况愈来愈稳固，因此有助于建立起集体的关系。这种改变促使她们与前一代的名门闺秀相比有着更急迫的改革社会的觉悟。显然，女子教育的蓬勃发展，对于女性性别意识的萌发及职业概念的认知都有极大的影响。

(二) 女性职业群体的觉悟与抗争

中国女子职业，从传统意义上说古已有之，如婢女、女佣、乳母、织女、绣女等。从近代意义上说，19 世纪后期随着资本主义工商业的产生与发展，就开始出现了一批从事近代工业、商业、服务、教育、文化、医疗卫生等行业的新兴职业女性。

中国第一代产业工人最初仅限男工，然后才渐渐有了女工。19 世纪末期，受洋务运动影响而出现的官办和民间商办企业纷纷仿效外资企业开始雇用女工。据推算，19 世纪末 20 世纪初，中国女工人数约占工人总数的 1/3。[②]令人痛惜的是，当时女工都遭受着残酷的剥削和压迫，工作时间长，工资低，劳动条件极其恶劣，还经常受到工头的蹂躏和毒打，完全没有平等自由权利。

女医生和女教师是稍晚于女工出现的女子职业。19 世纪 80 年代，在各类教会女子学校毕业的女学生（专业为女医生、女护士和女教师居多）进入社会，比如雅妹、康爱德、石美

---

① 陈景盘:《中国近代教育史》,人民教育出版社 1979 年版,第 320 页。
②《女工志盛》,《女学报》第 9 期,1898 年 10 月。

玉等，她们除直接服务于教会事业外，还自办女校或医院，为中国的教育和医疗事业服务。在教会教育之下产生最早的中国近代化的知识职业女性时，也有国内少数上流阶层的女性随丈夫走出国门，将国外所见所闻介绍给国内女子。这中间最具代表性的就是清末外交官钱恂的妻子单士厘。她先后跟随丈夫去过日本、俄国等国，后来她写作《癸卯旅行记》《归潜记》等著述，向国内女子介绍西方国家的情况，堪称我国最早走向世界的女性，对中国女子破除封建传统礼教，走出家庭，关心国家大事，献身社会事业有一定积极的意义。

19世纪90年代，少数维新派女子开始尝试创办报刊，于是就出现了裘毓芳、康同薇等女编辑、女记者这类的从业者。后期随着中国自办女学的发展，越来越多的职业女性开始涌现，比如女保姆、女裁缝等。但总的来说，在20世纪初，社会绝大多数职业还是被男子所垄断，社会习惯并不太允许女子从事职业活动，真正意义上的职业女性还很少。

1912年4月，在孙中山先生提出"振兴实业"的号召下，中国掀起了一股兴办实业的热潮，其中不乏一些知识女性主张兴办实业，决心自立的身影。她们除了进行理论宣传，还积极地付诸实践，形成前所未有的女子实业运动。创办女子工艺厂、兴办女子实业公司、拟办中华女子国民银行等都是当时实业运动热潮下的重要尝试。可以说，当时城市里的中上层知识女性都不同程度地参与了此次活动，展示出女性的经济能力，但遗憾的是，受到帝国主义和封建势力的双重打压，她们的实业活动并未维持多久，便以失败告终。不过在这次实业运动中，把女性获得经济权与振兴国家经济联系在了一起，也是值得肯定的尝试。

需提到的是，女性职业问题是许多女权组织在争取女子参政时必置于重要位置的，在1924年前后的国民会议运动中，全国各地许多女权组织不约而同地把女子职业问题作为重要议案向国民会议提出。例如，1924年12月，天津妇女国民会议促成会在宣言中提出"在职业范围内，女子有绝对择业之自由，并努力与女子以择业机会"，第七项是"保障母权"。[①]1925年1月，上海女界国民会议促成会公开宣言："一切职业为女子开放，男女工资平等，保护母性。"[②]1925年2月，北京中国妇女协会联合女子教育研究会、女子职业促进会等发起组织北京妇女国民会议促成会，在其宣言中提出"妇女在政治上、经济上、教育上、职业上绝对的与男子人格平等、权力平等；保护劳动妇女，女工在生产之前后，应停止其工作，并照发工资"[③]等七项要求。此外，在广东、江西等大部分省市组织的请愿活动中，都提到女子职业和经济独立问题。

更进一步地，五卅运动后，在南方国民政府妇女运动的影响下，更多妇女组织不单只关注女性享有工作机会的权利，而且更加注重争取同工同酬，尤其是改善女工的劳动保护和工资待遇的诉求。1925年6月，上海各界妇女联合会提出，该会参加反帝运动的重要目标之一，就是改良劳动妇女的生

---

① 《天津妇女国民会议促成会成立及其宣言》，《民国日报》，1924年12月31日。

② 《上海女界国民会议促成会宣言》，《妇女周报》，1925年1月5日。

③ 谈社英：《中国妇女运动通史》，上海书店据商务印书馆1937年版影印，第182页。

活和劳动待遇。后来随着时局的发展，为实行女性8小时工作制、同工同酬及制定劳动保护法等作为斗争目标的罢工此起彼伏，这些罢工运动也直接促成南京国民政府于1931年2月颁行新《工厂法》，正式承认了女性从事社会职业和实业活动的权利。

1927年至1937年，随着国民党政权的稳定和经济的恢复与发展，妇女职业的范围和种类也逐渐多样化，诸如女警察、女电影演员、女模特儿等新的妇女职业不断出现。30年代中期随着社会危机的加深，在国际上曾掀起了一股鼓吹"妇女回到厨房去"的潮流。在这股国际逆流的影响下，国内一批封建守旧派和一些官方人士及其刊物、团体也闻风而动，继而掀起要妇女回到家庭去做贤妻良母的反动潮流，于是就形成了著名的贤妻良母主义之争。1937年7月抗日战争全面爆发之后，中国女子在全民抗战热潮的鼓舞之下，转而投入抗日救亡运动，将救亡运动与女子职业活动结合起来，很快出现了前所未有的女性职业活动高潮。

在国统区，抗日救亡运动产生了大批抗战性质的妇女职业，从而在抗战初期就增加了妇女就业的机会。这些职业领域主要是工业生产、文化教育、新闻出版、社会工作、护理和保育等。其中，工业生产方面，在各地有妇女生活所、妇女纺织厂、妇女工厂生产团、妇女缝纫工业合作社、难民妇女缝纫工厂等。例如，新生活运动妇女指导委员会（简称妇指会）在四川设有乐山蚕丝实验区、淞溉纺织实验区、新运妇女工艺社及白沙新运纺织厂。文化教育领域，有各种妇女识字班、妇女学校等。例如，广东设立了妇女识字班、民众学校、妇女剧团等。新闻出版领域，由各类妇女团体创办了许多妇女刊物。如《江西妇女》《妇声》《广东妇女》《妇女周刊》《妇女新运周刊》等。护理领域，国统区各地许多医院都设有伤兵护理部和伤兵医院。社会工作领域，从国民党中央到省、市、县再到乡镇、保、甲各级，都有许多不同类型的妇女团体组织，其内部又有各部、各科和各组等相关机构。

共产党的抗日根据地成了当时众多职业女性向往的地方。抗日战争时期，国统区、沦陷区的许多女子，尤以女学生为主，为了摆脱奴役和压迫，历尽千难万险，来到陕甘宁边区等抗日根据地。在根据地她们享有广泛的政治和经济权利，使她们积极投身到根据地的生产建设之中，与男子享有同等的社会地位。劳动妇女在这里也同样能拥有广泛的职业平等权。在根据地，女工占少数，占绝大多数的是农村妇女。农村妇女比较落后，但是她们人数众多。在大多数青壮年男子离家当兵打仗的情况下，发动妇女参加生产，提高农村妇女的经济地位，是根据地妇女运动的主要任务。此后在农村开始出现具有独立人格的女性形象，一大批妇女干部应运而生。需指出的是，妇女的大生产运动还与抗战时期的减租减息运动相配合。通过二五减租、一五减息，减轻了负担，增加了妇女生产积极性，从而抗日热情更加饱满。根据地的广大农村妇女其经济地位得到改善，职业平等权得到保证，思想觉悟也日益提高，为妇女自身的解放开辟了广阔的前景，也为女性享有职业平等权和女性的最终解放奠定了重要的基础。

三、女权思想和女性运动发展的特点

（一）女性解放运动的演变

总体观之，19世纪末至20世纪30年代的女性运动实际上经历了三个阶段的演变。第一个阶段是从19世纪末至20世纪初，第二个阶段是从"五四"时期至20年代末，第三个阶段是从30年代初至抗日战争时期。

第一阶段以19世纪末20世纪初女权思想的启蒙与形成为先导，以兴办近代女子教育为开端，经过民国创建的契机，开创了民初时期以女子教育、女子实业、女子参政为主要内容的女权运动，最后在袁世凯复辟帝制的打击下走向沉寂。第二阶段以"五四"妇女思想的解放为开端，重新爆发了争取女子教育权、参政权、婚姻自由权、职业平等权和继承权等法律权利的女权运动，并在30年代初获得法律对妇女这五种权利的认可。第三阶段以妇女获得法律上的教育权、职业平等权、婚姻自由权、参政权和财产继承权为基础，妇女解放运动向纵深发展，继续为消除教育、职业、婚姻家庭、参政中的性别歧视，争取社会现实中男女事实上的平等而斗争。这一阶段一直延续到1949年新中国成立之前。中国女性的解放事业取得了重大成就。

这三个阶段在形式和内容上，具有以下特点：其一，前两个阶段均以女权思想的启蒙为开端，以女子参政运动为高

潮。前者以失败结束，后者以胜利告终。其二，力争妇女参政权、经济独立权、教育平等权是前两个阶段的共同内容。其三，三个阶段中，女权思想的启蒙都是由男性先进人士开启，最后由女性自己来实行自身的解放。这三个阶段共同构成了民国时期的女性运动。其中，第一个阶段是第二个阶段的基础，第二个阶段是第一个阶段的继承，第三个阶段又是第二个阶段的发展和深化，三者缺一不可。

但细加考察，便可发现三者实际上有着实质性的区别。从女性运动的角度看，这三个阶段的具体内容不尽相同。在一、二阶段中，女性主要追求的是妇女权利在法律上的体现与认可，是属于女权运动的层面。其中，中华民国以前的大部分时间都是属于女权运动的启蒙或准备——从思想上、教育上鼓动女权运动。也就是说，女权思想的启蒙与形成跟女权运动的具体过程是先后相继的。第一个阶段中真正的女权运动仅民国初期二三年的时间，其女权运动虽是力争妇女参政权、经济权和教育权，而事实上却是重在妇女参政。也就是说，它主要是以女子参政运动的面目出现的。然而，第二个阶段则完全不同，其女权运动的时间几乎跨越整个20年代，远远长于第一阶段短暂的女权运动。其女权运动也是平衡综合的发展，不局限于任何一种权利的要求。第二阶段女权运动几乎与五四妇女思想的启蒙与解放同步而行，而且这一阶段的女权运动正是同时谋取女子经济权、教育权、婚姻权、参政权和继承权等法律权利的运动，在内容上更丰富，在程度上更高级，也更具有较强的持久性。

第三个阶段不仅仅是争取女权的运动，还涉及消除性别歧视和追求现实中的两性真正平等的内容，是属于女性解放运动的层面。经过前两个阶段女权运动的发展，女性已经得到了法律规定的在政治、经济等各方面的平等权利。然而，男女却不能真正平等。比如，女性在职业上受到的不平等待遇，结婚就被解职；在教育上不能与男生平等看待，受到特别的限制；在政治上无法进入被男性把持的权力核心部门；在婚姻家庭上受到封建家长制和封建贞节观的控制；许多女性根本不能继承财产；等等。这一切又促使人们重新认识到，女性奋斗了数十年而仍然"男女不能平等""中国妇女目前的社会地位比男子更是恶劣、低下"。而这并不仅是由于性别的原因导致的，更"是由社会制度的不合理、政治的不民主而来"。[①]这首先就表现为在社会上的经济关系不平等。由经济上的不平等才引出了其他方面的不平等，因此，"妇女要想争取平等，基本上应从争取经济平等着手，但是政治文化、家庭等方面平等的获得也能促进经济的平等，所以，我们妇女不想解放则已，如想解放，就必须在政治上，经济上，教育上，职业上，法律上争取自由、独立和平等。"[②]也就是说，女性所需要的是真正的解放——妇女解放运动，就是"争取妇女社会地位的提高和改善。这种争取，不是向男子争，而

① 于茂林：《妇女运动的中心何在？》，1945年1月28日《新华日报》副刊《妇女之路》（下），第100期，重庆市妇女联合会妇运史研究组编辑出版，无出版年月，第38页。

② 宝瑜：《扫清前进路上的障碍》，聂甘弩编：《女权论辩》，白虹书店1942年版，第71页。

是向整个社会争，向某种制度争"。①而且，第三阶段的妇女解放运动在继续解决女性自身特殊问题的同时，还要与整个民族和人民的解放运动紧密结合在一起，并通过全民族和人民的解放来获得真正的解放。只有这样的解放，女性才能得到真正的平等。

20世纪20年代以后的女性运动实际上是沿着两条主线进行的。一条是国民党统治下国统区女性运动的开展，另一条是共产党领导下的革命根据地妇女运动的开展。其中，共产党革命根据地的妇女运动是1927年后才逐渐出现的。此前的女性运动则是在西方人权与女权思想和国民革命的影响下单线发展。1927年以后，国统区和革命根据地两条线索的妇女运动各自独立进行而又彼此相互影响，使整个民国时期的女性运动与女性生活呈现出多姿多彩的内容。这个时期的女权运动基本是属于资产阶级知识妇女和中上层妇女的运动。资产阶级和小资产阶级知识妇女是运动的主力和领导者。到20世纪20年代中期，国共合作以后，城市中的劳动阶级——女工，开始大批参加进来，使资产阶级女权运动的影响有所扩大。

1927年国民党建立南京政府后，从法律上确认了女性应该享有的各项权利。于是，在国统区的女性便由争取妇女的法律权利转向争取事实上的男女平等，女权运动逐渐变成了女性解放运动。虽然女子已进入了深层次的追求真正自由、

---

① 于茂林：《妇女运动的中心何在?》，1945年1月28日《新华日报》副刊《妇女之路》(下)第100期，重庆市妇女联合会妇女史研究组编辑出版，无出版年月，第38页。

男女平等的运动阶段，但是它在国统区仅限于城市妇女。在广大农村，封建主义思想依然严重束缚着女性，农村妇女还谈不上权利问题，依然被排斥在妇女解放运动之外。结果形成城市多数西化的新女性和农村依然保守传统落后的旧女性两种鲜明的对比。在共产党领导下的革命根据地，女性解放运动完全不同于国统区。女性解放运动的主体是农村妇女，而不是城市女性，其领导者是革命知识妇女。革命根据地农村妇女的解放任务与城市妇女不同，她们的解放首先是阶级的解放，然后才是进行女性自身的解放。所以，农村妇女解放运动是随着共产党的革命斗争而兴起的。革命根据地农村妇女最重要最激烈的解放就是摆脱封建婚姻，实现婚姻自主。其次才是要求经济、教育和参政的权利。可以说，革命根据地农村妇女在参加根据地建设、扩大与巩固的革命斗争中，很大程度地实现了婚姻解放，许多妇女解除了封建买卖的童养媳婚姻，同时还获得了较大的经济自主与经济独立权。而且在教育上也取得了突破性的解放，一大批农妇接受了革命的初级教育，不仅能识字、读书，还成长为革命的妇女干部，女性文盲减少。尤为突出的是，还实现了女子很大范围的参政，女性有了真正意义上的参政权利，最终使女子的家庭与社会地位得到了提高。

（二）女权主义思想的特征

综上所观，由于受到女权思想的启蒙，一些女性先觉者逐渐成长为革命女杰，参与并领导了一次次的女权运动，开启了近代中国女性解放运动的进程。近代中国女性解放运动史，就是一部中国女权思想发展史。

近代中国女权主义思想的发展大体分为四个阶段：萌发期、形成期、发展期、下落期。根据中国女权思想发展的阶段，呈现出了以下几个特征：

其一，女权启蒙具有鲜明的爱国主义政治色彩。甲午战争后，民族危机空前严重。许多爱国人士都在探索救国道路，并爆发了维新变法资产阶级爱国政治运动。维新派分子为了挽救国家民族危亡，把解放妇女的问题纳入其考量范畴。辛亥革命派更是把争取女权纳入反清革命、建立民主共和国的目标之中，孙中山就在其民权思想中倡导男女平权，并写进同盟会政纲的条文中。辛亥革命派认定，中国男子尚且没有民权，妇女想独立地获得女权，是不可能的。他们的逻辑是，需要发动女性参加争取民权的革命运动，反对君权，推翻君主政体，才能达到解放女性之目的，主张妇女要和男子一道共担救国义务，同尽爱国天职，方能取得与男子平等的权利。这也同中国女权思想产生的时代背景分不开，当时正是中华民族危机加剧的关头，内忧外患激起了女性同胞的爱国感情，产生了与男子共担救亡责任的意识，源发性地认为只有同男子一样承担了救国义务，才能得到同男子平等的权利。西方女权运动的直接目标不是或主要不是救国救民，而是为了争取女性自身的平等权利，它的对立面是父权社会。不同的是，中国女性运动在20世纪初起步时，爱国、救国、振兴中华的呼声甚至超过男女平等的呐喊。据不完全统计，辛亥革命前后十几年间，参加革命斗争的女性活动分子，有姓名可查的就达380多人。思想先进的女性已经认识到女子对社会的责任，开始迈出家门，投身变革社会的历史前台，开始了带有时代特征的政治参与和社会参与行动。

其二，中国女权主义思想形成在资产阶级革命宣传过程中，男性革命家对这一思想形成起了重要的启蒙作用。西方女权主义思想是在资产阶级革命胜利、资产阶级掌握政权之后产生的，被称为女权理论始祖 Mary Wollstonecraft 所著的《女权拥护论》1792年问世时，距法国大革命已有多年，并不是用来指导妇女参加资产阶级革命运动的理论。由于资产阶级革命胜利后资产阶级没有给予妇女包括参政在内的应有的权利，激起了资产阶级妇女的反抗意识，提出"女权"问题，把男性作为对立面，要求与本阶级男性统治者分享权利。女权运动也被称为"人权平分"运动。而中国的女权主义思想的形成，则是受到西方资产阶级革命中提出的天赋人权、自由、平等、个性解放等观念和女权思想的影响，产生在资产阶级进行革命宣传的过程中。特别值得指出的是，中国男性革命家的主张和宣传活动，对女权主义思想形成起了重要作用。

其三，中国女权主义选择的女性解放的目标，首先是争取婚姻自由，而后是受教育权利。由于历史文化背景和国情不同，在女性解放具体目标选择上，中西方女权主义并不相同。西方女权主义产生是基于资产阶级掌握政权之后女性没有得到应有的权利，一些中、上层女性起而抗争，以1848年妇女权利大会和通过的《妇女权利宣言》为标志，提出平等参政权，并把争取选举权作为首要目标进行了艰苦而漫长的斗争。中国女性在参加资产阶级革命过程中，对封建宗法制度下女子所受的压迫进行了深刻揭露，毫不留情地批判三纲五常、三从四德等旧礼教对女子的迫害。而这种迫害，主要是来自封建婚姻制度，因此，女权主义者认为摆脱对男性家长依附关系，取得人格独立、人身自由，从而达到女权的起点就是争取婚姻自主权。这在辛亥革命时期的女子报刊上反映得很突出，有人甚至提出女子家庭革命的主张，说政治革命是反对封建君权压迫，"争国民全体之自由"，家庭革命是反对封建家长制和夫权压迫，"争国民个人之自由"。《女界钟》则提出实行"婚姻革命"，为妇女争取"婚姻自由之权"。对女性其他社会权利，中国女权主义者最关注的是受教育权，戊戌维新派和辛亥革命派都是如此。他们主张把发展女子教育作为解放女性的切入点，认为这是女子自立、自强的基础。他们还认为女子只有接受教育才能摆脱依赖性，养成独立人格，从而取得"女国民"的资格。女性都成了合格的"女国民"，国家才能富强，民族才能兴旺。在西方女权主义和妇女参政运动影响下，到了20世纪，才有较多的女权主义者集中提出了女子参政问题。

需要十分注意的是，如前文所述，从20世纪初的历史书页中去寻找女性解放（或称"妇女解放""妇女运动"）的种种历史足迹，几乎每一次女界的群体行动都是与"国难"或"国运"紧密相关的，女性在许多历史性的关键时刻不是为自身的利益和命运而是被动员起来为民族国家的整体利益和前途去奔走、助威、呐喊。中国女性在刚刚醒来时首先目睹的是国难深重和民族危机四伏，从开始她们便被告知，只有与男性一道拯救起这危难中的民族国家，方能享受到与男人无二样的公民权益，在这一过程中女性用她们自身的实践阐述了一条"真理"：女性只有为整个国家和民族的利益竭尽全力，才能实现她们自身存在的最高价值。

中国妇女运动史就是由无数这样的女性个体或群体行为组成。在这个被不断界定和描述的妇女运动史里，我们很难看到女性为争取自身的利益而奋斗。不夸张地说，中国妇女运动史一定程度上更像一部女性爱国史、救国史，绝大部分篇幅都被女性如何为当时民族国家的"中心事件"奋斗所占据。在整个女权启蒙的过程中，不容置疑的女性生存之最高理想和原则，就是热爱民族国家并为之献身。而女性自身利益的实现，则被要求服从于整个民族国家的利益，因而注定在民族国家问题解决之前将被无限期地延宕。

四、小结

随着启蒙思想的不断推进和女权运动的发展，性别新景观——女性群体涌现出来。上层阶级女子的觉醒是女界重要的改变，与政治革命运动中活跃的女子不同的是，她们在推展新观念及新行动之时，采取的是一种较温和的改变方式，如此得以使"传统"调适成现代所需，在清末民初的快速变迁中成为引领女性改变不可忽视的重要力量。这一温和求变的路线，随着女学生人数的增加，逐渐被转化而注入更多性别女权意识。清末民初的女学生是时代的新生儿，其出现本身即是一种新社会现象。围绕着"女学"及"女学生"的论述，也体现了清末民初的社会演变，女学生逐渐获得其在社会性别改革中的主导力量。随着中国自办女学的发展，越来越多的职业女性开始涌现，虽然真正意义上的职业女性还很少，但这是知识女性获得经济独立而迈出的第一步。民族解放运动同样为女性职业选择权与发展权的获得创造了条件，特别是中国共产党领导下的抗日根据地的广大农村妇女，其经济地位得到改善，职业平等权得到保证，思想觉悟也日益提高，为女性自身的解放开辟了广阔的前景。

结　语

19世纪末，中国一批先进知识分子向西方寻求救国方略——其间提出了女性解放问题，他们在解决女性权利问题方面所做的努力可以被视为女权启蒙。这里的"启蒙"和"女权"基于这样一种立场和视角：一方面，在中国女权问题被提出之前，先是由西方传教士，后来由早期维新派、戊戌维新派、革命派等男性知识分子承担着启蒙者的角色，女性处于被启蒙的位置；另一方面，被启蒙的女性觉悟后可能成为"先进女性"或"新女性"，她们继而成为启蒙者再去启蒙和动员未觉悟的落后女性，这一面向包含着更多的女性自我启蒙的意涵。仅就近代中国的女权启蒙而言，女性解放问题作为一个特定的社会和历史问题被提出，其主要是在两重因素作用下发生的，其一是外来西方文化的冲击，其二是近代男性启蒙者的发声和参与。

一、女权启蒙——近代中国的非中心话语

1890—1930年代是中国社会巨变的转型时代，女权启蒙最先的倡导者以及绝大多数的后来者——从西方传教士到中国近代持有各种"主义"的男性启蒙者（当然也包括被启蒙的女性群体），其实并没有明确的长远的女性解放主张和目标，他们更多是出于中国内忧外患的国情以及各自不同的立场和利益，期冀尽快改造国民性，以改变和提升人的精神文化面貌，调整女性在整个国家中的地位，与此同时归还中国妇女一些基本的权益。有学者指出，当时的男性主要是以民族和国家利益为出发点考虑而为女性争取平等的。另一方面，女性群体在参与民族国家独立和持续的抗战中也逐渐萌发了争取自身权益的意识，中国妇女运动的产生和发展直接受到民族救亡和捍卫国家完整与独立的巨大影响。

从20世纪初的历史书页中去寻找女性解放（或称"妇女解放""妇女运动"）的种种历史足迹，几乎每一次女界的群体行动都是与"国难"或"国运"紧密相关的，在许多历史性的关键时刻，女性大都是被动员起来为民族国家的整体利益和前途去奋争，而其自身的利益就被鼓动者所忽略了。在国难深重和民族危机四伏的那个时期，女性就被灌输只有拯救起这危难中的民族国家，方能享受到与男子相等的公民权利的论调，即女性实现自身最高价值的途径就是为国家和民族利益竭尽全力。她们只有先为整个国家和民族的利益竭尽

全力、付出献身，才有可能实现自身存在的最高价值。

与西方女权运动相比，中国的女性解放运动没有特别鲜明的独立性和自主性或者说性别立场，似乎是一段不值得大书特书的历史，但正是因为那种与民族国家特殊的纠缠形成了中国女权问题的复杂性和丰富性。中国的启蒙和救亡有共同的主题，这个主题其实就是——救亡。启蒙并非初始之目的，而只是救亡之手段。"人们要富国强兵，要救亡，要现代化，但却忘了这一切本身并不能成为终极目的，终极目的只有一个，这就是人自身的完善和解放"，也就是说，"在近代中国救亡的热情中，现实功利的考虑压倒一切而未将救亡看作人自身解放的途径和手段"①。由此，中国的女权启蒙便具有了急功近利性。就女权问题在中国现代化中的发展情况来看，女权启蒙从一开始就与民族国家救亡运动紧紧连在了一起，可以说没有救亡也就不会产生女权启蒙。在女权启蒙中觉醒的女性，被告诫同时又以她们自身的实践将振兴民族国家视为自己的最高理想和存在方式，以此在长期封闭凝固的氛围中为妇女的"自救"打开了一个"缺口"，从此逐渐改变传统观念中对女性的轻视和扭曲，这对今天中国女性地位较19世纪巨大变化有着不可低估的作用。

值得思考的一点是，中国的女权启蒙是始于西方教会势力的干预、中国男性思想启蒙者的动员以及话语建构。即使到了五四运动发生后的1920—1930年代，在一些主流的文化

---

① 高瑞泉、袁进、张汝伦、李天纲：《人文精神寻踪》，《读书》1994年第4期，第76页。

物和出版物中男性的声音依然是占绝对多数。为什么事关女性自身的问题比如废缠足、兴女学、大学开女禁、女子谋职等等问题要由男性提出，甚至由男性来讨论和给出答案呢？这是因为，女性作为受压迫受歧视的群体在中国现代化进程的初期处于一种"蒙昧"的无意识状态，她们处于被唤醒、被拯救、被引导和被授予的历史境遇，她们没有人意识到更无从去改变自身在历史和现实中的不公正地位。

五四新文化运动是一场富有革命性的运动，在这样的历史境遇下，在整个传统秩序中同样出于被剥夺了基本权利地位的子辈男性与处于历史边缘的女性群体结成了一种同盟关系，这使得全社会对女性的切身利益投去更大的关注，对女性作为一种群体存在的探讨有比较真实的逼近。1930年代抗日战争爆发，女性与男性一起参与到抗战中，为实现全民族的解放而奋斗。如阿尔蒙德的"公民文化理论"所言，这便使得女性由最初的蒙昧型、边缘型民众转变为顺从型、服从型民众，进而变为参与型、积极型民众。最终，民族解放的实现为女性的个人解放创造了条件。

二、女权从属于国权

女权启蒙影响下的近代中国女性解放运动有其独特之处，即几乎不存在欧美那样独立的妇女运动。这是由各自不同的历史环境决定的。欧美各国在近代是独立的资本主义国家，这些国家的妇女觉醒之时，其资产阶级革命早已是成功有日。

因此，欧美各国妇女争取女权的斗争便在妇女与以男性为代表的资产阶级政权之间展开。其结果，女权运动往往只能靠妇女自身的力量进行。由于妇女自身力量的薄弱，她们要获得权利，就必须建立在以妇女全体的真正觉悟和普遍能力的提高基础上，通过社会的进步和资本主义内部的政治改革来实现。因而，欧美各国妇女运动的成功只能是由女性一步步的努力和点滴积累而成。事实上，从18世纪末19世纪初开始至20世纪初胜利，欧美妇女运动花了大约一百年的时间。

以英国为例，英国女权运动是在18世纪后半期开始的。之后从1832年至1867年，英国进行了两次选举法改革，但女性都未获得选举权。随着女权运动的进展，女性的觉悟日益提高，开始赢得男性社会改革家、思想家的同情和支持。以约翰·穆勒和柏莱特为代表，先后几次向议会提出妇女选举法案，均被政府否决。但女权运动者并不气馁，她们一方面参加保守党和自由党的妇女团体，去影响执政党的策略，一方面积极努力于女子教育和职业，于19世纪后期争得了男女教育的平等机会和妇女的职业权利。19世纪末到20世纪初，她们掀起了更大规模的女子参政运动，甚至发生暴力冲突。虽然没有得到中央选举权，但已开始拥有地方选举权。随着女性地位的广泛提高和社会民主政治的进步，1918年英国女性正式获得了选举权，至此，女权运动终于赢得胜利。除英国外，美国、法国、德国等资本主义国家的女权运动也都大同小异，多是女性自身在不断觉醒的前提下，以百折不回的精神，组织各种女权团体，发动全体妇女，推动女权运动的前进。

在我国，当时国家的首要任务是驱逐殖民主义和推翻君主专制统治，建立一个独立的资产阶级共和国。要赶走殖民主义，就离不开占人口总数一半的女性的支持；要推翻君主专制，就离不开对资产阶级人权、自由和平等思想的宣传及其对女性的解放。故女性解放就自然成了民族解放不可或缺的内容。我们回溯中国近代历史可以发现，中国的女性解放运动总是以救国、爱国、反专制、争民主为第一要务，尤其是当民族国家面临危机的时候，女性对救亡图存、民主共和的要求甚至超过了对其自身权利的要求，而把争取男女平等、男女平权作为民族民主革命的自然成果。这就决定了，中国妇女运动的成功与失败总是伴随着资产阶级民族民主革命的成功与失败。

回望中国近代的女权之路，从戊戌维新运动前后，近代中国的女权思想初步形成，到20世纪初，伴随着资产阶级革命的兴起，女权思想日益成熟，在启蒙思想的影响下开始了新的妇女解放潮流。其中以留日女学生为骨干的女权运动者，皆是以革命为首任，以从事资产阶级民族民主革命来谋求男女平权的实现。当时，几乎所有的女权运动者都参加了同盟会、光复会、华兴会等资产阶级政党和反美、拒法、拒俄的爱国运动。其突出的代表秋瑾、何香凝、唐群英、燕斌等，她们把主要的精力投入资产阶级革命活动，提出了"天下兴亡，匹夫有责""先尽义务，后享权利"等口号，将妇女解放推向高潮。1912年中华民国建立，资产阶级共和制引来了民初女子参政运动、女子教育运动和女子实业运动，但是由于袁世凯复辟帝制，倾覆了资产阶级政权，镇压了资产阶级革命派，致使轰动一时的民初女权运动陷于沉寂。此后四五年的时间，资产阶级革命势力处于消沉阶段，女权运动也不闻其声。1919年五四运动爆发，全国掀起了反对日本帝国主义和封建军阀的爱国民主运动，女性同胞们在参加民族民主运动过程中对女权有了新的认识和要求，引发了民国第二次女权运动的高潮。1924年国共第一次合作，开始冲击农村传统旧势力，遂导致下层女性的解放运动。1924—1925年的女子参政运动，可以说是在孙中山号召的国民会议运动影响下爆发的，是国民会议运动的重要组成部分。女性同胞们在投身革命的过程中，地位迅速得到提高。1927年国共关系破裂，农村等下层女性的解放运动转入低潮。到了30年代初至30年代中期，在共产党领导下的革命根据地的农村妇女在革命建设和斗争中获得了前所未有的权利、地位与进步，最终实现了解放。

中国女性在法律上获得与男性平等的政治权利是在1949年至1956年完成的。1949年9月，中国人民政治协商会议第一届全体会议通过了《中国人民政治协商会议共同纲领》，宣布我国女性在政治、经济、文化教育、社会生活等各方面均有同男性平等的权利。这些平等权利的实现首先表现在婚姻方面，1950年颁布的《中华人民共和国婚姻法》使夫权意识逐渐淡化。1952年2月，中央人民政府制定《全国人民代表大会及地方各级人民代表大会选举法》，规定我国女性享有同男性同等的选举权和被选举权。1953年，《中华人民共和国选

启蒙语境下的中国女权问题研究(1890s—1930s)

举法》颁布，同样赋予女性与男性同等的选举权和被选举权。
1954年，我国宪法将男女平等以法律的形式确定下来。如此
看来，与西方女性奋斗了漫长时间才争取到的权利相比，中
国女性的权利在新中国成立后的较短时间内就以法律形式确
立下来了。可见，民族解放运动的胜利和新中国的建立，大
大加快了中国女权的步伐。

三、中国本土女权主义之思考

回到"启蒙"二字上，到底何为启蒙？康德认为启蒙运
动本身具有理性和批判性等特征，福柯在此基础上提出"我
们决不应该忘记启蒙是一个事件，或者一组事件和复杂的历
史过程，它处于欧洲社会发展中的特定时刻。因此，它包括
社会转型的因素，政治体制的类型，知识的形式，实践和知
识的合理化的方案，技术的变化，所有这些是非常难于用一
个字来总结的"[①]。

将福柯所言"非常难于用一个字来总结"用来形容近代
中国的启蒙运动再合适不过了。五四新文化运动时代"表面
上它是一个强调科学、推崇理性的时代，而实际上它却是一
个热血沸腾、情绪激荡的时代；表面上五四是以西方启蒙运
动重知主义为楷模，而骨子里它却带有强烈的浪漫主义色彩。
一方面，五四知识分子诅咒宗教，反对偶像，另一方面，他

---

① 汪晖、陈燕谷主编：《文化与公共性》，生活·读书·新知三联书店1998年版，第
435页。

们却极需偶像和信念来满足他们内心的饥渴；一方面，他们主张面对现实，'研究问题'，同时他们又急于找到一种主义，可以给他们一个简单而'一网打尽'的答案，逃避时代问题的复杂性。"①

中国近代启蒙运动的本质要求在梁启超那里直接表达为"新民"。这里的"新"可做动词解，使"民"为"新"。动作发出者即主体自然是启蒙知识分子们，"民"作为客体则是被启蒙者。其中，女性是重要对象。囿于启蒙运动的复杂性，女权主义对启蒙自然也有其复杂性和矛盾性。一方面，受启蒙的影响，女权主义有了进一步的发展，而女权运动的进展在一定程度上又推动了启蒙的继续，从而对社会产生了更深远的影响，并留下了宝贵的思想遗产。另一方面，女权主义与启蒙又有着内在的张力，比如后现代女权主义还存在反启蒙或反人文主义的面向，其复杂性绝不亚于启蒙本身。

关于对中国的女权主义研究来说，自20世纪90年代以来，形成了一种相对稳定的研究范式。其一，是将西方的女权主义理论引入研究领域，赋予其性别维度。其二，是在男女二元格局中思考性别问题，确立了反男权主义的立场。其三，是从女性视角钩沉被主流文化压抑的女性文化传统。这种研究范式虽然有着鲜明的女权主义立场，也富有强烈的批判男权的意识，对国内人文社科研究领域的影响颇大，但近些年来也备受质疑。原因在于，没有有效汲取国内本土的女性解放资源，只局限于男女二元格局内思考问题，并且忽视

① 张灏：《幽暗意识与民主传统》，新星出版社2010年版，第201页。

了性别问题产生的中国语境。基于这些质疑,中国女权主义研究的新诉求在哪呢?其实,正如近代中国启蒙运动的多面性和复杂性,它既不可能单一的"复古",也不会单一的"西化",我们可以借鉴1890年代至1930年代启蒙语境下的中国女权思想和女权运动的发展历程,追溯中国女权话语发生时交叠的数个脉络:其一是西方传教士的殖民眼光或西方男性女权论述的引入,其二是面临"千年未有之变局"的中国男性知识分子的倡导,其三是本土激进女权主义者的批判性改造,其四是传统中国女性生活、生产、文化活动带来的意义等。也就是说,中国女权话语的发生是由西方现代文化冲击、男性知识精英启蒙、本土女权精英抗辩甚至中国普通女性的"无声之声"共同塑造的。正是由各种不同声音的对话、交织、混杂、对抗,更显示出中国女权主义话语在其发生之时的复杂性与生命力。

如何再现女性的声音,建构一种本土化的中国女权主义思想,路途尚远,过程艰难。但至少说来,"历史化性别"与"性别化历史"缺一不可。这是将"历史"与"性别"进行一种辩证性建构。"历史化性别"就是将女性与中国现代史紧密结合相联系,赋予性别以历史意义。"性别化历史"是用女权主义思想和理论,观照历史与文学叙事中的女性再现,控诉与批判父权制与男权思想如何压抑束缚女性,使其成为父权制下受害的第二性。[1]总而言之,一方面,中国的女权主义必须在特定的社会历史脉络和政治实践中理解并理论化,将性

①参见马春花:《女性主义的发生与现代中国》,载《文艺研究》,2013年第11期。

别与其他社会范畴联系起来，关注到性别与其他社会关系交织错综的复杂性；另一方面，还应坚持以女性为主体的研究，将中国女性呈现为历史的能动主体。在"历史化性别"的同时"性别化历史"，在坚持女性主体立场的同时，承认与各种时间、空间的他者的互动、对立对话，因此它是一种"即物"的女权主义。

参考文献

一、文集类

[1]《秋瑾集》，上海古籍出版社 1979 年版。

[2]鲁迅先生纪念委员会主编:《鲁迅全集》1—16卷，人民文学出版社 1981 年版。

[3]夏东元编:《郑观应集》，上海人民出版社 1982 年版。

[4]刘晴波、彭国兴主编:《陈天华集》，湖南人民出版社 1982 年版。

[5]中国李大钊研究会主编:《李大钊文集》上下册，人民出版社 1984 年版。

[6]《马君武先生文集》，中国国民党中央委员会党史委员会出版 1984 年版。

[7]王栻主编:《严复集》1—5册，中华书局 1986 年版。

[8]林志钧主编:《饮冰室合集》1—12册，中华书局 1989 年版。

［9］胡珠生编:《宋恕集》,中华书局1993年版。

［10］赵树贵、曾丽雅编:《陈炽集》,中华书局1997年版。

［11］欧阳哲生主编:《胡适文集》1—12卷,北京大学出版社1998年版。

［12］姜义华、张荣华编校:《康有为全集》1—3卷,中国人民大学出版社2007年版。

［13］中国社科院近代史所主编:《孙中山全集》1—11卷,中华书局2011年版。

［14］任建树、李银德主编:《陈独秀著作选编》1—3卷,上海人民出版社2014年版。

二、资料汇编类

［1］东方杂志社编印:《妇女运动》,东方文库72种,商务印书馆1923年版。

［2］张枬、王忍之编:《辛亥革命前十年间时论选集》1—3卷,北京三联书店1960—1977年版。

［3］《广东辛亥革命史料》,广东省文史资料研究委员会1962年版。

［4］中华全国妇女联合会妇女运动历史研究室编:《五四时期妇女问题文选》,中国妇女出版社1981年版。

［5］《辛亥革命在上海史料选辑》,上海人民出版社1981年版。

［6］陕西师范大学教育研究所编:《陕甘宁边区教育资料》,中央教育科学出版社1981年版。

［7］江西省教育学会编:《苏区教育资料选编》(1929—1934),江西人民出版社1981年版。

［8］皇甫束玉、宋荐戈、龚守静编:《中国革命根据地教育记事》,教育科学出版社1989年版。

［9］中华全国妇女联合会编:《中国妇女运动史(新民主主义时期)》,春秋出版社1989年版。

［10］中华全国妇女联合会编:《中国妇女运动历史资料(1921—1927)》,春秋出版社1989年版。

［11］中共中央文献研究室中共湖南省委《毛泽东早期文稿》编辑组编:《毛泽东早期文稿》,湖南人民出版社1990年版。

［12］李又宁,张玉法主编:《近代中国女权运动史料(1842—1911)》上下卷,台北龙文出版股份有限公司1995年版。

三、古文著作类

［1］唐甄:《潜书》,中华书局1963年版。

［2］脱脱、阿鲁图等:《宋史》卷二百四十三,中华书局1977年版。

［3］许慎撰,段玉裁注:《说文解字注》,上海古籍出版社1981年版。

［4］刘向集录:《战国策》卷二十,上海古籍出版社1985年版。

［5］戴德撰,卢辩注:《大戴礼记》,中华书局1985年版。

［6］《诗经注析》,程俊英、蒋见元注析,中华书局1991年版。

［7］朱熹:《周易本义》,北京大学出版社1992年影印本。

［8］何启、胡礼垣：《新政真诠》，辽宁出版社1994年版。

［9］梁章钜、郑珍：《称谓录亲属记》，中华书局1996年版。

［10］王韬：《韬园文录外编》，中州古籍出版社1998年版。

［11］郑玄注，贾公彦疏：《周礼注疏》，李学勤主编，北京大学出版社1999年版。

［12］班固：《白虎通》，中国国家图书馆藏元刻本影印原书版，北京图书馆出版社2006年版。

［13］《荀子》，杨朝明注说，河南大学出版社2008年版。

［14］董仲舒：《春秋繁露》，叶平注译，中州古籍出版社2010年版。

［15］范晔撰，李贤等注：《后汉书》，中华书局2012年版。

［16］《吕氏春秋》，刘生良评注，商务印书馆2015年版。

［17］《韩非子精注精译精评》，王守常译注，线装书局2016年版。

［18］《中华礼藏·礼经卷·仪礼之属第二册》：张焕君、贾海生点校，浙江大学出版社2016年版。

［19］郑玄注，陆德明释文：《宋本礼记》，国家图书馆出版社2017年版。

四、外译专著类

［1］［美］费正清编，中国社会科学院历史研究所编译室译：《剑桥中国晚清史（1800—1911）》上卷，中国社会科学出版社1985年版。

[2][日]小野和子:《中国女性史:1851—1958》,高大伦、范勇编译,四川大学出版社1987年版。

[3][美]微拉·施瓦支:《中国的启蒙运动——知识分子与五四遗产》,李国英等译,山西人民出版社1989年版。

[4][英]玛丽·沃斯通克拉夫特:《女权辩护》,王蓁译,商务印书馆1995年版。

[5][英]约翰·斯图亚特·穆勒:《论妇女的从属地位》,汪溪译,商务印书馆1996年版。

[6][德]花之安:《自西徂东》(近代文献丛刊),上海书店出版社2002年版。

[7][美]贺萧:《危险的愉悦:20世纪上海的娼妓问题与现代性》,韩敏中、盛宁译,江苏人民出版社2005年版。

[8][美]阿里夫·德里克:《中国革命中的无政府主义》,孙学宜译,广西师范大学出版社2006年版。

[9][美]白馥兰:《技术与性别——晚期帝制中国的权力经纬》,江湄、邓京力译,江苏人民出版社2006年版。

[10][美]塞缪尔·P.亨廷顿:《变化社会中的政治秩序》,王冠华、刘为等译,上海世纪出版集团2008年版。

[11][英]米兰达·弗里克、詹妮弗·霍恩斯比编:《女性主义哲学指南》,宋建丽、马晓燕译,北京大学出版社2010年版。

[12][日]须藤瑞代:《中国"女权"概念的变迁——清末民初的人权和社会性别》,须藤瑞代、姚毅译,社会科学文献出版社2010年版。

[13][法]西蒙娜·德·波伏瓦:《第二性》,郑克鲁译,上海译

文出版社2011年版。

［14］［美］汤尼·白露:《中国女性主义思想史中的妇女问题》,沈齐齐译,上海人民出版社2012年版。

［15］［美］加布里埃尔·A.阿尔蒙德、西德尼·维巴:《公民文化——五个国家的政治态度和民主制度》,张明澍译,商务印书馆2014年版。

［16］［澳］李木兰:《性别、政治与民主——近代中国的妇女参政》,方小平译,江苏人民出版社2014年版。

［17］［英］玛格丽特·沃特斯:《女权主义简史》,朱刚、麻晓蓉译,外语教学与研究出版社2015年版。

五、中文专著类

［1］谈社英:《中国妇女运动通史》,南京女子共鸣社1936年版。

［2］聂甘弩编:《女权论辩》,白虹书店1942年版。

［3］戈公振:《中国报学史》,生活·读书·新知三联书店1955年版。

［4］李剑农:《戊戌以后三十年中国政治史》,中华书局1965年版。

［5］陈景盘:《中国近代教育史》,人民教育出版社1979年版。

［6］丁守和主编:《辛亥革命时期期刊介绍》1—5集,人民出版社1982—1987年版。

［7］吕美颐、郑永福:《中国妇女运动(1840—1921)》,河南人民出版社1990年版。

［8］闵冬潮:《国际妇女运动:1789—1989》,河南人民出版社1991年版。

［9］李银河主编:《妇女:最漫长的革命——当代西方女权主义理论精选》,生活·读书·新知三联书店1997年版。

［10］梁景和:《清末国民意识与参政意识研究》,湖南教育出版社1999年版。

［11］彭平一:《冲破思想的牢笼——中国近代思想史略论》,广东人民出版社1999年版。

［12］彭明,程𪣻:《近代中国的思想历程(1840—1949)》,中国人民大学出版社1999年版。

［13］刘禾:《跨语际实践》,宋伟杰等译,生活读书新知三联书店2002年版。

［14］金天翮:《女界钟》,上海古籍出版社2003年版。

［15］蒋永萍主编:《世纪之交的中国妇女社会地位》,当代中国出版社2003年版。

［16］梁旭光:《民主政治进程与妇女参政》,济南出版社2003年版。

［17］刘晶辉:《民族、性别与阶层——伪满时期的"王道政治"》,社会科学文献出版社2004年版。

［18］陈永森:《告别臣民的尝试——清末民初的公民意识与公民行为》,中国人民大学出版社2004年版。

［19］徐安琪主编:《社会文化变迁中的性别研究》,上海社会科学院出版社2005年版。

［20］宋素红:《女性媒介:历史与传统》,中国传媒大学出

社2006年版。

[21]杨剑利:《女性与近代中国社会》,中国社会出版社2007年版。

[22]薛宁兰:《社会性别与妇女权利》,社会科学文献出版社2008年版。

[23]顾秀莲主编:《20世纪中国妇女运动史》,中国妇女出版社2008年版。

[24]荒林、翟振明:《撩开你的面纱:女性主义与哲学的对话》,北京大学出版社2008年版。

[25]陈高华、童芍素主编:《中国妇女通史·民国卷》,杭州出版社2010年版。

[26]张灏:《幽暗意识与民主传统》,新星出版社2010年版。

[27]柯惠玲:《近代中国革命运动中的妇女》,山西教育出版社2012年版。

[28]王澄霞:《女性主义与中国当代文化》,社会科学文献出版社2012年版。

[29]孙桂燕:《清末民初女权思想研究》,中国社会科学出版社2013年版。

[30]刘慧英:《女权、启蒙与民族国家话语》,人民文学出版社2013年版。

[31]王森:《后现代女性主义理论研究》,经济科学出版社2013年版。

[32]郑永福、吕美颐:《近代中国妇女与社会》,大象出版社2013年版。

[33]邵雍:《中国近代妇女史》,合肥工业大学出版社2013年版。

[34]夏晓虹:《晚清女性与近代中国》,北京大学出版社2014年版。

[35]张春田:《女性解放与现代想象——思想史视野中的"娜拉"》,华东师范大学出版社2014年版。

[36]黄兴涛:《"她"字的文化史——女性新代词的发明与认同研究》,北京师范大学出版社2015年版。

[37]宋少鹏:《〈西洋镜〉里的中国与妇女——文明的性别标准和晚清女权论述》,社会科学文献出版社2016年版。

[38]夏晓虹:《晚清女子国民常识的建构》,北京大学出版社2016年版。

[39]夏晓虹:《晚清文人妇女观》,北京大学出版社2016年版。

六、论文报刊类

[1]《上海新设中国女学堂章程》,《时务报》第47册,1897年12月。

[2]《巾帼多材》,《新闻报》1897年12月7日。

[3]沈和卿、赖妈懿:《中国女学会书塾章程》,《新闻报》1898年3月17、19—20日。

[4]刘纫兰:《劝兴女学启》,《女学报》1898年第4期。

[5]卢翠:《女子爱国说》,《女学报》1898年第5期。

[6]康同薇:《女学利弊说》,《知新报》第52册,1898年5月。

［7］沈瑛、魏媖、李端蕙、廖元华、刘靓、蒋兰：《中国女学会致侯官薛女史绍徽书》，《知新报》第59册，1898年7月。

［8］潘璇：《上海〈女学报〉缘起》，《女学报》第2期，1898年8月3日。

［9］《女工志盛》，《女学报》第9期，1898年9月。

［10］《〈女学报〉告白》，《中外日报》1898年10月6日。

［11］［日］石川安次郎：《论女权之渐盛》，《清议报》第47、48册，1900年6月。

［12］《共爱会章程》，《浙江潮》第3期，1903年4月。

［13］《拒俄事件》，《浙江潮》第4期，1903年5月。

［14］胡彬夏：《祝共爱会之前途》，《江苏》第6期，1903年9月。

［15］竹庄：《论中国女学不兴之害》，《女子世界》第3期，1904年3月。

［16］竹庄：《女权说》，《女子世界》第5期，1904年5月。

［17］刘瑞平：《敬告二万万同胞姊妹》，《女子世界》第7期，1904年7月。

［18］《香山女学校学约》，《女子世界》第7期，1904年7月。

［19］亚卢：《哀女界》，《女子世界》第9期，1904年9月。

［20］丁初我：《女界之怪现象》，《女子世界》第10期，1904年10月。

［21］丁初我：《女学生亦能军操欤》，《女子世界》第13期，1905年1月。

［22］安如（柳亚子）：《论女界之前途》，《女子世界》第2年第1期，1905年6月。

[23]丹忱:《论复女权必以教育为预备》,《女子世界》第2年第3期,1906年1月。

[24]勇之:《兴女学议》,《东方杂志》第3卷第13期,1906年3月。

[25]孙雄:《节录女学刍议三则·论男女同学之利弊》,《北洋学报》第13、19期,1906年。

[26]张雄西:《创立女界自立会之规则》,《云南》第1号,1906年10月。

[27]吕碧城:《女子宜结团体论》,《中国女报》第2期,1907年2月。

[28]《女子小学堂章程》,《奏陈详议女学堂章程折》,《学部官报》第15期,1907年3月。

[29]何震:《女子解放问题》,《天义报》第7期,1907年7月。

[30]真(李石曾):《男女之革命》,《新世纪》第7号,1907年8月3日。

[31]《女界集议力争西江捕权情形》,《中国日报》1907年11月27日。

[32]陆费逵:《男女共学问题》,《教育杂志》第2年11期,1910年12月。

[33]《女子参政同盟会草案》,《申报》1911年11月29日。

[34]扬家荀:《男女平权之真旨》,《神州日报》第1期,1912年。

[35]《女子参政同盟始末记》,《女子白话旬报》第1期,1912年。

[36]《普通教育暂行办法十四条》,《临时政府公报》第4

号,1912年2月1日。

[37]空海:《对女子参政权之怀疑》,《民立报》1912年2月28日。

[38]《女子参政会纪事》,《民立报》1912年9月27日。

[39]陆费逵:《新学制之批评》,《中华教育界》第2卷1期,1913年1月。

[40]高素素;《女子问题之大解决》,《新青年》第3卷第3号,1917年。

[41]廖仲恺:《女子解放从哪里做起》,《星期评论》第8号,1919年。

[42]叶圣陶:《女子人格问题》,《新潮》第1卷2号,1919年2月1日。

[43]蔡元培:《欧战后之教育问题》,《北京大学日刊》1919年4月19日。

[44]贾丰臻:《男女同学问题》,《教育杂志》第12卷2号,1920年2月。

[45]徐彦之:《北京大学男女共校记》,《少年世界》第7期,1920年4月。

[46]蔡元培:《普通教育和职业教育》,《教育杂志》第13卷1号,1920年12月。

[47]《天津妇女国民会议促成会成立及其宣言》,《民国日报》1924年12月31日。

[48]《上海女界国民会议促成会宣言》,《妇女周报》1925年1月5日。

[49]林语堂:《婚嫁与女子职业》,《时事新报》1933年9月13日。

[50]金铎:《从立法院修改刑法引起的妇女运动谈到妇女解放》,《正论》第3期,1934年11月。

[51]褚季能:《第一次自办女学堂》,《东方杂志》第32卷3号,1935年2月。

[52]志敏:《新贤妻良母论》,《妇女周刊》第2期,1935年5月1日。

[53]罗琼:《从"贤妻良母"到"贤夫良父"》,《妇女生活》第2卷第1期,1936年1月。

[54]《抗日救国初步政治纲领》,《救亡情报》第6期,1936年6月14日。

[55]《发刊词》,《中国妇女》第1卷第1期,1939年6月1日。

[56]邓颖超:《关于〈蔚蓝中的一点黯淡〉的批判》,《新华日报》副刊《妇女之路》第7期,1940年8月12日。

[57]周恩来:《论"贤妻良母"与母职》,《新华日报》副刊《妇女之路》第38期,1942年9月27日。

[58]《女子参政同盟会宣言书》,《辛亥革命在上海史料选辑》,上海人民出版社1981年。

[59]郑师渠:《辛亥革命后关于国民性问题的探讨》,《天津社会科学》1988年第6期。

[60]陈高原:《辛亥革命与改造国民性思潮》,《广州研究》1988年第7期。

[61]刘泽华:《论从臣民意识向公民意识的转变》,《天津社

会科学》1991年第4期。

[62]高华德、崔薇圃:《论中国近代女学的产生和发展》,《齐鲁学刊》1995年第4期。

[63]张衍前:《近代国家观:梁启超新民思想的理论基础》,《理论学刊》1995年第5期。

[64]久玉林:《近代中国民权思想演进的历史考察》,《学术月刊》1998年第4期。

[65]高力克:《五四伦理与公民精神》,《浙江社会科学》1999年第5期。

[66]陈耀明:《她:21世纪最重要的一个字》,《黄金时代》2000年第4期。

[67]李喜所:《辛亥革命与思想启蒙》,《历史教学》2001年第10期。

[68][日]须藤瑞代:《近代中国的女权概念》,《山西师大学报(社会科学版)》第32卷第1期,2005年1月。

[69]闫润鱼:《论中国近代启蒙运动的历史规定性》,《中国人民大学学报》2006年第2期。

[70]马春花:《女性主义的发生与现代中国》,《文艺研究》2013年第11期。

后　记

近代以来，关于女性的社会定位发生了巨大变化，从"贤妻良母"到"妇女能顶半边天"，可见一斑。清末以来，涌现出众多经典伟大的女性人物形象。在我心里，也有一位伟大的女性，她是我的母亲。

从小到大，母亲对我的影响极深，她在我心里，是"贤妻良母"和"妇女能顶半边天"的完美结合。令人痛彻心扉的是，母亲于2021年12月30日永远地离开了我。我已无法再为母亲做些什么，只是想在我人生的第一本书中，缅怀一下我的母亲，寄托亲人的哀思。

我的母亲出生在一个普通的农村家庭，她生得美丽，才思敏捷，成绩十分优异，初中毕业便考上了中专师范。那个时候，全乡只有两名学生有机会读中专，她是其中一个。中专毕业后，母亲被分配到了公立学校教书。在她工作之后，也许是命中注定的缘分，她跟我的父亲结婚了，之后便有了我。

我从小就是个非常敏感的孩子，记事很早，到现在还依稀记得我三岁时母亲抱着我对我笑的样子。母亲不仅是生我养我的至亲，更是我生活中不可或缺的良师益友。往事一幕幕，皆浮现在眼前。

从我读书起，母亲就教育我必须培养起良好的学习习惯。放学回到家，第一件事就是完成老师们布置的课后作业，完成之后才能去吃饭或者看动画片。这个习惯在我的学习生涯里一直稳定保持着。小学一年级的时候，她教我读汉字，学习汉语拼音。后来又教我做数学应用题，用很多种方法去解答一道题，逐渐开发了我的思维。从小就给我买好多音乐磁带，妈妈说我一听到儿童歌曲就特别开心地跟着一起唱还蹦蹦跳跳的，小孩儿的乐感就是这样培养起来的。记得那时候家里有一台双卡老式磁带录音机，陪伴了我的整个童年。妈妈也给我买了很多字帖，让我努力练习书法。再长大一点，送我去学习绘画，学习电子琴。母亲是一位睿智的女性，在那个年代，悉心培养孩子德智体美劳全面发展的家长不多。因为她的聪慧能干，我们这个家庭也变得越来越好，母亲真正能顶半边天！

从本科到博士毕业到走上工作岗位，已过去十四年。其间，我在学习和生活上遇到过很多挫折，可每当困惑的时候，只要和母亲聊聊，向她请教之后便会觉得这些困难都不算什么，总有柳暗花明又一村的感觉。不知从何时起，母亲早已成了我的人生灯塔和精神支柱。

母亲19岁任教，54岁去世，我可怜的母亲，她没有享受过一天的退休生活，她的一生都奉献给了她的家庭、她的学生、她的学校以及这个社会、这个国家。如今，我也成了一名人民教师，我正在做的就是母亲这一生都在做的事。想到这里，心里有些许安慰。母亲，我做到了您的传承。

母亲，您知道吗？有人说：人的一生，有三次死亡。第一次，当你的心跳停止，呼吸消逝时，你在生物学上被宣告了死亡。第二次，当你下葬，人们穿着黑衣出席你的葬礼时，他们宣告，你在这个社会上不复存在，你从人际关系网里消逝，你悄然离去。第三次，是这个世界上最后一个记得你的人，把你忘记，于是，你就真正地死去。整个宇宙都将不再和你有关。

我看过一部动画电影叫《寻梦环游记》，讲述了很温馨感人的亲情故事。那是关于墨西哥的亡灵节。亲人肉体的离去不是真正的死亡，她只是先去了另一个世界，只要现实世界至少还有一个人记得她，那么她在另一个世界就会过得很好。

我最亲爱的妈妈，我总觉得，您只是先暂时跟我们分开。您不会孤单，您更不会被遗忘，我们无时无刻不在思念着您。将来我有了自己的孩子，我会给他讲外婆的故事，我会告诉他这个世上曾经出现过那么一位聪慧、美丽、善良、伟大的女子，就是我的母亲，你的外婆。

我最亲爱的母亲，死亡对于我们来说，只是另一种无法跨越的分离，未来有一天，我们终会重聚。

梁　晨

2022 年 8 月 30 日夜